CARMEN BEATRIZ FÁVERO

O divino livro proibido
Marcas da memória

Dados Internacionais de Catalogação na Publicação (CIP)
Angélica Ilacqua - CRB-8/7057

Fávero, Carmen Beatriz
  O divino livro proibido : marcas da memória / Carmen Beatriz Fávero. -- São Paulo : Saberes e Letras, 2021.
  192 p. (Memorabilia)

  ISBN 978-65-994144-1-1

  1. Literatura brasileira 2. Fávero, Carmen Beatriz - Memórias autobiográficas   3. Dante Alighieri, 1265-1321. A divina comédia - Comentários 4. Imigração italiana - Rio Grande do Sul - Brasil   I. Título   II. Série

21-0935   CDD B869

Índice para catálogo sistemático:
1. Literatura brasileira   B869

1ª edição – 2021

Direção-geral: *Flávia Reginatto*
Editora responsável: *Andréia Schweitzer*
Assistente de edição: *Fabíola Medeiros*
Coordenação de revisão: *Marina Mendonça*
Revisão: *Ana Cecilia Mari*
Gerente de produção: *Felício Calegaro Neto*
Produção de arte: *Telma Custódio*

Nenhuma parte desta obra pode ser reproduzida ou transmitida por qualquer forma e/ou quaisquer meios (eletrônico ou mecânico, incluindo fotocópia e gravação) ou arquivada em qualquer sistema ou banco de dados sem permissão escrita da Editora. Direitos reservados.

Saberes e Letras
Rua Botucatu, 171 – Vila Clementino
04023-060 – São Paulo – SP (Brasil)
Tel.: (11) 2125-3575
http://www.sabereseletras.com.br – editora@sabereseletras.com.br
Telemarketing e SAC: 0800-7010081

© Instituto Alberione – São Paulo, 2021

O divino livro proibido é dedicado à minha mãe Olga Breda Pulga, que, além do colo materno, teve sempre palavras doces e seguras para desanuviar minhas interrogações.

Agradecimentos a Márcia Lígia Guidin,
que assistiu, com mãos carinhosas, esta gestação.
A Herta Pidner e Ivone Basílio,
que, amigavelmente, me apontaram novos caminhos,
e também a minha família
por guardar vivo o legado de nossos pais.
Meu sincero obrigada a Saberes e Letras
por tornar pública esta obra.

Há memórias que a gente guarda, não sei por que nem onde, mas elas "colam", crescem com a gente, evocam saudade, ganham sentido e se tornam eternas.
Talvez porque nutridas pelas moléculas das emoções.

As memórias estão aqui como estavam lá,
desafiadas a mergulhar num tempo em que a curiosidade
engolia o mundo sem lhe sentir os limites;
a percepção do olhar esquadrinhava
a engenharia da vida sem encontrar defeitos;
a mente absorvia as vivências com a alma dos sentidos
e as guardava na consciência,
sem conceber a magnitude de sua ressonância.
Um tempo com gosto de inauguração.
Nenhuma maldade aninhada, somente lindeza brotando.

Recolher memórias é o mesmo que ressemeá-las.

Sumário

Apresentação..9
Quase um prefácio..11
1. O livro...13
2. A barganha pelo proibido...19
3. Conhecendo o autor...25
4. A toca do diabo...35
5. A angústia dos condenados...43
6. Linda como Beatriz...51
7. Meu Deus! Que horror!...59
8. O encapuzado sinistro..71
9. Ladrões e trapaceiros...79
10. Preparados para a luz de Deus..89
11. A inexplicável luz divina...99
12. A força do amor..107
13. Deus é fabuloso!...119
14. Por quê, Maria Leonor?..127
15. O céu misterioso...135
16. A festa dentro das pessoas..143
17. O livro nasce como um sonho..151
19. O livro que fala...157
20. Beatriz, bela e sorridente...163
21. Escondidos no coração de Deus..173
22. O fascínio das palavras..179
Sobre o autor de *A Divina Comédia*...187
A Divina Comédia..189

Apresentação

APARENTEMENTE UMA OBRA MEMORIALÍSTICA, o relato de Carmen Beatriz Fávero nos traz, em primeira pessoa, mais que um texto de lembranças ou de autoficção. Em amorosa dicção da autora, Beatriz registra, além da infância numa comunidade tão pequena, parte da história da imigração italiana ao Rio Grande do Sul, assim como o deslumbramento dessa menina ainda não alfabetizada, diante de um livro que percebe como ingresso ao mundo adulto, marca o amor à leitura. E o tal livro está lá, nos aposentos dos avós: *A Divina Comédia*, que o avô tanto preservava dos olhos infantis. As ilustrações sempre assustadoras de Gustave Doré pediam para ser folheadas por Bia, que, depois de um expediente delicioso, consegue obrigar a tia, já adolescente, a ler trechos e a explicar as imagens. Tudo às escondidas – o grande segredo da vida, ilustrado e narrado pelo poeta e pelo artista.

A obra de Fávero ainda homenageia Dante com muitos trechos da obra do poeta, que, até para quem não a leu, nos leva à reflexão. Autora-narradora e personagem (ambas Beatriz) atam à lembrança biográfica forte adesão à obra maior da cultura latina.

A comunidade real e simbólica na qual Bia cresce é parte importante da história da imigração italiana na ordem social brasileira do século XX: uma única escola, o vigário, o escrivão, a chegada da luz elétrica, brincadeiras infantis, reuniões regadas a vinho após árduo trabalho, as intrigas... Tudo num retrato amoroso e de grande observação.

A leitura fica ainda mais iluminada porque tudo, afinal, são lembranças e recriação, numa estrutura narrativa circular. Da infância com Dante à vida adulta e intelectual; com esta obra, de volta à infância, recriada como memória.

Nesta linda obra, a presença vital é da mãe, Olga, a grande personagem. Pronta a resolver questões cotidianas ou metafísicas, a mãe de tantos filhos ensinava tudo, mesmo em silêncio. Como na obra de Dante, Olga é também um grande universo pleno de vicissitudes e de amor.

Se "recolher memórias é o mesmo que ressemeá-las", como diz a autora, aqui foi plantada, para nós, uma das mais bonitas histórias de amor às raízes, aos livros e à própria memória.

MÁRCIA LIGIA GUIDIN
Membro titular da Academia Paulista de Educação, cadeira 6.

Quase um prefácio

LIVROS SÃO COMO BEIJOS; o primeiro é inesquecível. Revoluciona por dentro, acelera a respiração. Desperta emoções. Constrói narrativas. Torna-se referência. Possui fascínio, linguagem, perplexidade, permuta e enredo. Meu primeiro contato com o livro foi assim como um primeiro beijo.

A aura que envolvia aquele volume despertou em mim curiosidade, suspense e um obstinado desejo de saber mais sobre o mundo e seus mistérios. As enormes gravuras em preto e branco, os versos, o movimento das folhas, criavam um clima mágico e me iniciavam na aventura das letras.

O livro que você tem em mãos agora é fruto desse beijo inocente de uma criança que ainda não sabia ler, mas que pousou o olhar nas gravuras do artista Gustave Doré e na alma do poeta Dante Alighieri de forma indelével. Um primeiro contato roubado em segredo e guardado no imaginário infantil.

Foi por isso que, mais tarde, numas férias na casa dos nonnos, as lembranças guardadas por longos anos voltaram. Aquele envolvimento epidérmico com o livro, o contato emocional com a alma do autor de *A Divina Comédia* estavam registrados nas paredes da casa, no jardim, na brisa, nas estrelas. A voz dos nonnos, as risadas dos tios, os gestos de meus pais, o álbum de fotografias; a igrejinha, a praça, a escola, tudo acelerava de novo meu coração, como da primeira vez. E a memória enriquecida pela vivência brincava, ensaiando esta história que arrisco lhe contar...

1. O livro

ESTOU DE VOLTA À CASA DOS NONNOS. Só uma das minhas irmãs vive aqui, na pequena vila da Serra Gaúcha. Da varanda, contemplo o céu limpo, azul, aberto como uma tenda sobre as verdes colinas. As mesmas ruas, a mesma praça, a mesma escola, o livro e muitas lembranças.

Lembro-me das noites mágicas, enormes, carregadas de curiosidades. Rodas de chimarrão, fofocas e brincadeiras, todos, os grandes e os pequenos, extravasando a alma. Eu me lembro..., me lembro e, na poeira dessas memórias, permanece o gosto das palavras, o desenho das relações.

* * *

Aquela noite em que a vila hibernava silenciosa, o dia amanheceu encolhido. Debaixo de um lençol branco e gelado, acordei agarrada à minha irmã, puxei o cobertor de pena de ganso e o transformei numa doce asa protetora. A leveza com que as penas deslizavam amoldando-se ao meu corpo era tão agradável, que disse para mim mesma: "Não vou levantar. Não quero!". Deixei a imaginação deslizar por dentro, sonhando aventuras com os barquinhos de papel que minhas irmãs haviam feito no dia anterior.

Mamãe acendeu o fogão à lenha e deixou a casa acordar por conta própria. Os primeiros raios de sol batiam de mansinho nas vidraças, e ela sorria, sorria e adocicava seu segredo. Um segredo do qual nos tinha feito cúmplices: surpreender papai nesse dia de seu aniversário, 21 de junho. Um dia curto e vagabundo em que a noite nos pegou quase de surpresa. E foi lá, na casa dos nonnos, que tudo começou.

Na cozinha, tias e vizinhas enchiam potes de biscoitos, arrumavam cucas, cortavam bolos, enquanto o *brodo* fervia, pronto para os *capeletti della nonna*. Os homens chegavam com vinhos e sanfonas, limpando as botas no ritmo da fanfarra. Quando mamãe chegou com papai, todas as mãos se ergueram num brinde em copos de vinho, que tilintavam ao som das músicas italianas, coreografadas por gestos dançantes.

Nós, crianças, passávamos por entre os adultos apanhando pinhões e amendoins assados, correndo na brincadeira de pega-pega; esbarrávamos nas pernas dos adultos, livrando-nos de corrupios na cabeça pelas mãos calosas dos agricultores.

* * *

Depois de um tanto de festa, percebendo que as conversas evoluíam pela força do vinho, vovó mandou que as crianças brincassem na sala do nonno. Tia Anita tinha mais que o dobro de meus anos e seu corpo anunciava a puberdade. Caçula de nove irmãos, exibia um sorriso exuberante, pele empipocada, cabelos pretos, fortes. Olhos grandes e brilhantes, castanho-escuros, o que a diferenciava dos irmãos, todos loiros e de olhos azuis. Tia Nita, como eu a havia batizado, por vezes, oscilava entre brincar com as crianças e estar com os adultos. Naquela noite, ela escolheu liderar nossa excursão até a sala.

– Esperem um pouco aqui, já volto. Não mexam em nada... – e saiu fechando a porta.

A sala do nonno era também o escritório dele, portanto, proibida para crianças quase o ano todo. Enorme, com chão de tábuas largas em madeira maciça, impermeabilizadas com cera de abelha, tinha um ar carregado de cuidados. O grande relógio cuco destacava-se com seu tique-taque no balanço de um brilhante pêndulo. Na parede, o quadro de um anjo ajudando a criança a atravessar a ponte e uma pintura da Madonna e o Menino Jesus, que o nonno afirmava ser obra de Sandro Boticelli.

Tudo era feito de madeira trabalhada no mesmo estilo. No centro da sala uma mesa colonial redonda com pés torneados. A escrivaninha do nonno, majestosa, ficava ao lado de um cabideiro, onde chapéus e guarda-chuvas estavam disponíveis. Sobre a escrivaninha alguns livros encadernados em capa dura, fotos da Itália, outras dos bisavós e, ao lado de um bloco de mata-borrão, uma caneta-tinteiro com a qual o nonno exercia sua tarefa de tabelião. Do meu ponto de vista, a cadeira do nonno era um trono e a pequena biblioteca um enorme mistério.

Meus olhos infantis vasculhavam as entranhas de cada objeto, em busca das lendas que os adultos rememoravam, ora nos amedrontando com fantasmas e bruxarias, ora nos divertindo com façanhas que os imigrantes vivenciaram ao deixar a Itália no longínquo ano de 1889. Meu foco eram os livros. Ah! Se eu pudesse pelo menos abrir um. Sabia do cuidado quase sagrado com que o nonno os guardava, e meu olhar circulava por cada um deles, alimentando sonhos e fantasias.

Ouvi dizer que os escritos falam, guardam os feitos de gente grande, então, deixei esse pensamento correr em silêncio, enquanto me perguntava: em quais desses misteriosos livros estariam os grandes imperadores romanos que o nonno fez questão de honrar ao batizar os filhos: Otávio, Augusto, Júlio? Encontraria o jardim de Romeu e Julieta que as tias contavam com detalhes e cores?

Devaneio gostoso, enchendo meus olhos de curiosidade e o coração de possíveis aventuras.

* * *

– Ei, vamos brincar?! – tia Nita surpreendeu-nos ao voltar com uma calça velha de lã, balançando-a feito uma grande bandeira.
– Quem quer brincar de rodopiar? – jogou a calça no chão e Marco, meu irmão, sentou-se rapidamente sobre ela. Pelas pernas da calça, tia Nita puxava meu irmão, rodopiando em círculos por baixo da mesa e em frente da escrivaninha, fazendo curvas na velocidade de uma roda-gigante.

Brincávamos à vontade naquele espaço respeitoso, mas livre. Eu parei em frente ao relógio de parede para observar o cuco, que, de tempos em tempos, aparecia anunciando as horas.

– Cuu-coo, cuu-coo, cuu-coo... – esperei o pássaro cantar nove vezes, aparecendo na janelinha com a perfeição do compasso do tique-taque, tique-taque. Virei o olhar. Eu o havia apenas fixado na biblioteca, quando – paft! –, numa curva, um erro de voo fez a brincadeira lançar aquele livro aos meus pés. Ah! Quem o trouxe para mim? A fada da história, com sua varinha mágica, ou o anjo da guarda, para quem mamãe me ensina a pedir ajuda? Senti-me soberana, ele, um vassalo. Curvei-me para apanhá-lo. Enorme, parecia conter o mundo. Senti o peso, auscultei seu movimento e o ergui à altura de meus olhos. Ele se transformou numa caixinha mágica, onde eu me via investigando todas as complexidades de meu pequeno universo, por exemplo, como as formigas se organizam, as abelhas fabricam seus castelos e o bicho da seda tece seu casulo. Viria aquele livro responder às minhas tantas perguntas? Abro as primeiras páginas e ouço tia Nita:

– Esse livro não..., não mexa nele! Meu pai proibiu – gritou preocupada.

* * *

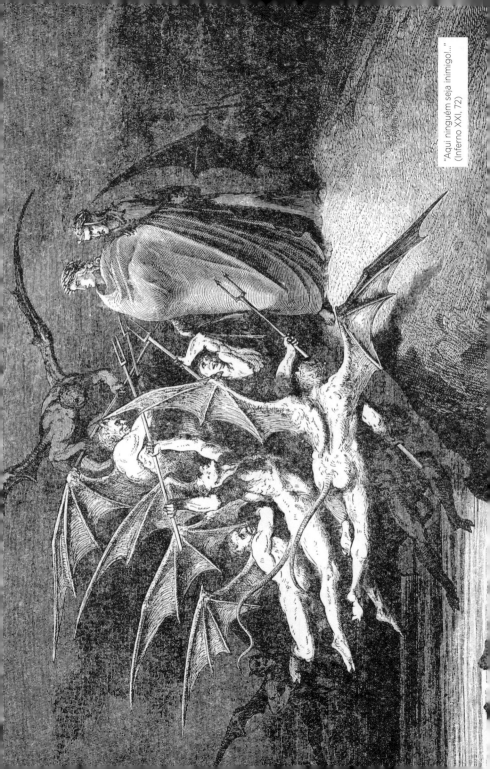

"Aqui ninguém seja inimigo!..." (Inferno XXI, 72)

— Por favor, por favor, tia, por favor... — supliquei, enquanto minha pupila registrava uma gravura de *A Divina Comédia*: dois homens, envoltos em mantos, petrificados diante de seres estranhos, monstros com rosto humano, grandes asas de morcego e um rabo longo, muito longo, no cóccix de corpos nus. Levantavam tridentes contorcendo-se em desespero, olhos chamejando, bocas crispadas de raiva.

— Devolva logo esse livro! — ordenou.

— Por quê? — perguntei timidamente, apertando o livro contra o peito.

— Porque o nonno disse que lá dentro tem de tudo... coisa pra gente grande; almas de mortos, monstros, o inferno, o céu, e até o diabinho está lá! Você é muito curiosa. Largue o livro!

Senti um arrepio percorrer meu corpo, mas não recuei. Achava que todo o saber do mundo estaria lá.

Titia insistia.

— Devolva logo, ou quer apanhar? — e já veio me tomando o volume.

Devolvi num gesto muito vagaroso, enquanto a determinação apressava o pensamento: "Vou abrir este livro, quero conhecer seus segredos...".

2. A barganha pelo proibido

A VILA ONDE CRESCI era uma comunidade onde os vários acontecimentos eram geralmente compartilhados e comentados. Todos se conheciam e qualquer atitude da criança chegava logo aos ouvidos do pai ou da mãe, num território vigiado de perto. Uma comunidade com suas intrigas, delações e mazelas. O nascimento, a morte; a dor, a alegria; o amor, o ódio, eram processos que acompanhávamos, desde criança, ao lado dos adultos. Rir, chorar, brincar, sonhar com eles enchia a vida de sentido. Crescíamos sem medos dos espaços vazios, sem pequenez em nossas decisões e sem temor diante dos riscos. A única coisa que temíamos era o olhar dos pais, que, quando demorado, fixo – olho no olho –, se tornava uma ordem contra a qual não havia objeções.

* * *

Nossa casa ficava entre a casa dos avós e um incipiente bar-mercearia inaugurado por uma nova família vinda da cidade. Na vila se comentava, sem muita discrição, sobre a rapidez com que o comerciante enriquecera. "Começou do nada", dizia-se. "Logo vai ser dono de tudo aqui." Carroças, cavalos e até caminhões iam e vinham numa constante troca de mercadorias. Junto ao bar havia um salão de baile, pista para jogos de bocha, mesas de apostas, onde os colonos gargalhavam, com pinga nos copos e as panças inchadas estourando as camisas, expondo o umbigo de corpos cabeludos e malcuidados.

Eu via as pessoas como metade anjo e metade gente... Então, o olhar simples de criança enxergava sempre o anjo conduzindo à compaixão. Somente com o passar dos anos, compreendi o quanto as máscaras que nos apresentam escondem o anjo que nos habita.

* * *

– Saiam daí da frente! – era a voz de mamãe ordenando que saíssemos da calçada.

– Vão brincar no quarto, isso não é pra criança ouvir – como se ouvido de criança pudesse ser preservado, à espera do futuro.

Eu escutava e aguçava mais o ouvido, quando o assunto era proibido. Escutava tentando desvendar as palavras, perseguindo as razões.

Quanto à preocupação de mamãe, até dava para compreender, porque ultimamente era inevitável uma briga por semana, em que bêbados se engalfinhavam na rua. Mesmo com as portas fechadas, ouviam-se palavrões, blasfêmias, tiros e gritaria. O mais comum dos motivos era sempre um desentendimento com o comerciante, homem rude, com um sorriso que a avidez enfeara. Era casado com uma mulher agitada, sempre a esbravejar com os filhos.

Na comunidade, vovô era conhecido por todos como alguém que agia dentro dos cânones de rigorosa justiça. Mamãe, a mais velha dos nove irmãos, era uma jovem mãe de traços delicados, pele macia, grandes olhos esverdeados e uma linda cabeleira ondulada. Papai, para mimá-la, costumava trazer-lhe uma especiaria para dar brilho no cabelo, num vidrinho verde, sem rótulos, bula ou embalagem. Atenciosa com as necessidades alheias, mamãe não tinha limites para prestar ajuda tanto ao estranho como ao empregado. Era companheira de papai na labuta da serraria, que tocavam com a ajuda de dois agregados e um velho caminhão para transporte da madeira.

Desde criança, percebi a desavença que crescia entre nossa família e o proprietário do armazém. Na época, não podia imaginar o porquê dessa rixa que levava meu pai a andar sempre armado. Todas as noites colocava o revólver no alto do roupeiro, no quarto do casal, com expressa recomendação de que ninguém ousasse tocá-lo. Minha mãe erguia os olhos em silêncio, acompanhando o gesto cotidiano de papai. E o silêncio era uma coisa profunda, perdendo-se dentro de um vazio que não compreendíamos. Era como um fantasma que, às vezes, roubava nossa alegria e a espontaneidade das conversas nas rodas de chimarrão, ao redor do fogo.

Anos depois, contaram-me tudo.

Vovô, num processo judicial, proferira sentença condenatória ao comerciante, obrigando-o a pagar uma indenização para um agricultor lesado no peso de sacas de trigo. O merceeiro desafiou vovô e prometeu retaliação.

Mamãe – que estava grávida na época – serviu de isca para a vingança do vizinho. Insinuações maldosas eram sussurradas aos ouvidos das mulheres simpatizantes daquela loja e, numa teia de suspeitas, elas apimentavam mexericos. A calúnia, então, atingiu a alma de mamãe, enquanto o comentário corria de boca em boca: "Esse bebê que ela espera é filho do empregado".

Papai era homem de olhar pequeno e arguto, e não que fosse pequeno seu argumento ou propósito, mas porque parecia estreitar-se para mirar o foco. Não era homem de dar muitas explicações, e suas decisões eram ponderadas, mas implacáveis. Jamais permitiria que a calúnia e a difamação desonrassem sua família.

Com aquela ameaça, as noites começaram a se tornar mais escuras, mais pesadas e mais silenciosas. Recolhíamo-nos cedo, ficávamos mais próximos, abraçados, em busca de segurança. Até que meus pais decidiram mudar-se para outra rua, numa casa que fazia fundos com o quintal dos nonnos.

Se me perguntarem como essa intriga chegou ao fim, eu não sei. O que sei é que ficou registrada no Fórum do município, e meus pais continuaram confiando um no outro até o fim de suas vidas.

* * *

Mas, o que interessa aqui, é que desde essa desavença, nós, crianças, fomos proibidas de brincar com os filhos desse vizinho e de entrar naquele armazém. Eu aceitava o limite imposto, mas não imaginava o porquê. Achava que era por motivos políticos. Nossas famílias eram getulistas, e a família do comerciante era simpatizante de Carlos Lacerda, rival de Getúlio.

Certo dia, flagrei tia Nita no flerte com Jorge, um dos filhos do comerciante. Estavam no porão na casa do avô e, quando notaram minha presença, denunciaram súbito constrangimento; em seguida, o rapaz correu assustado. Tia Nita veio apressada ao meu encontro.

– Vem cá... Bia, Bia, espere – titia alcançou-me e me proibiu de contar para quem quer que fosse o que tinha visto.

– Não inventa de levar isso para os pais – ameaçou.

Confusa e amedrontada pelo flagrante, em seus primeiros ensaios amorosos e logo um amor proibido, agora, era ela que suplicava:

– Por favor, por favor, não conte para ninguém, por favor!

Não entendi por que seria tão culposo os dois estarem apenas de mãos dadas, junto a uma sela de cavalo, ao lado de uma pipa de vinho.

Talvez tenha sido o medo, aquele mesmo medo que senti no dia em que tia Nita me falou que, no livro do nonno, havia o diabo. Provavelmente, essa mesma sensação de censura e risco fez minha barganha surgir como uma flecha.

– Você me lê o livro que o nonno não quer que as crianças vejam?

– Nunca! O pai me mata, se faço isso.

– Então, eu conto. Eu conto!

– Não faça isso, por favor, não faça isso...!

– Você me lê o livro ou eu conto – repeti calma.

– Tá bom! Mas fica em segredo.

Foi a primeira vez que me senti grande, competindo com os adultos. Nossos olhos travaram um duelo e, quase em silêncio, apenas na intensidade do olhar, fechamos o pacto. Naquela noite, dormi embalada pela feliz expectativa: conhecer o livro proibido.

3. Conhecendo o autor

– EU QUERO IR À ESCOLA – insistia com mamãe.
– Mas você ainda não tem idade, filha. Tem que esperar.

Eu estava prestes a completar seis anos, e as perguntas pipocavam enfileiradas:
– Mãe, de quem é o céu?
– De Deus.
– Quem é Deus?
– O Pai do céu.
– Se ele é Pai, por que não mora aqui?
– Ele mora aqui, mora em todo lugar.
– Mas eu não vejo ele.
– Porque ele está dentro de nós, em nosso coração.
– Como a semente dentro da fruta?
– É... um pouco diferente porque ele é espírito, infinito, eterno.
– Por que é eterno?
– Porque nunca acaba, é para sempre, sempre, sem fim – concluiu mamãe, ajudando-me a atravessar o riacho, onde estava lavando roupas.

Em minha memória, guardo o lugar exato; no chão, a textura das folhas, no alto, o ponto do sol, um cesto no braço de mamãe e os traços em sua face, quando disse: "Sempre, sempre... sem fim". O eco de suas palavras cresceu dentro de mim como uma espiral mágica, expandindo-se além de meus braços, de meu olhar, de meu pensamento, carregando-me para dentro de algo simples, e, ao mesmo tempo, complexo, como uma teia de aranha. Sempre, sempre... sem fim. Então vi o mundo crescer vertiginosamente e desaparecer no horizonte, deixando-me no chão, perdida. Foi o dia de minha iniciação ao mistério. Esse território invisível onde a cabeça e o coração transitam livremente fechando acordos entre razão e sensibilidade.

* * *

À noite naquele mesmo dia, nossos pais nos levaram ao velório do nonninho, como o chamávamos, um bondoso vovô que consertava tudo: sapatos, bolsas, guarda-chuvas e tesouras. Agora ele estava num caixão, no alto de uma mesa, naquela sala onde sempre brincava conosco, presenteando-nos com uma bala, se acertássemos a resposta às suas adivinhas:

– O que é, o que é? Cai em pé e corre deitado?

– Chuva – dizia Júlia com um sorriso maroto, pois já conhecia a resposta.

Então, ele tirava outra:

– São muitos irmãozinhos, vivem numa casa só, se lhe coçam a cabeça, todos morrem sem dó.

Eu não fazia a menor ideia, mas lembro-me bem de que nessa última meu irmão foi muito rápido:

– Fósforos! A caixa de fósforos.

O nonninho nos felicitava sorridente todas as vezes que o visitávamos, entregando o troféu para o vencedor, enquanto, num disfarce amoroso, escondia balas nas mãos de todas as crianças, enovelando-nos com fios de cumplicidade.

O flamejar das velas ao lado do corpo imóvel formava, em minha memória, representações híbridas, com misto de submissão e rebeldia. Tendo crescido no meio da natureza, eu vira animais, passarinhos e insetos morrerem, mas era a primeira vez que via uma pessoa exposta, inerte, livre para ser contemplada, chorada e abençoada. Eu estava confusa, em meio a essas elaborações infantis, quando mamãe me levantou para que me despedisse dele.

– Atira um beijo de paz; ele foi com o Papai do céu, virou estrelinha – sussurrou ao meu ouvido.

"Eu não quero virar estrelinha. Não quero ficar pendurada no céu para sempre, sempre... sem fim", resmunguei para mim mesma. Mas aí estava o ritmo verdadeiro da vida, e o ar transpirava uma energia de resignação e impotência. A vida me mostrava dois trilhos: o da terra e o do coração. Dois caminhos: o do corpo e o da fé. Embora as lembranças fossem confusas, a experiência de imersão no mistério foi tão profunda que, naquela noite, me senti batizada pela finitude, e foi um batismo de fogo. Demorei a pegar no sono.

* * *

Passou-se um bom tempo e titia relutava em me mostrar o livro. Minha empolgação era por aprender a ler, e ler logo, pois imaginava as páginas do livro como grandes portas que se abririam trazendo respostas às minhas perguntas; viriam como vaga-lumes na copa das árvores; indo e vindo, insistiriam até eu entender. Então, dentro daquele livro, recolhida nele, como num castelo de fadas, iria organizar todas as peças do quebra-cabeças e entender, como imaginava que entendiam os adultos, o porquê de tudo. Estava convencida de que era só saber ler e essa questão de finitude e infinitude ficaria muito próxima.

Mas o que eu não podia imaginar era que o livro de Dante não era um castelo de fadas, mas sim uma catedral da palavra, cujo eco transporia séculos e séculos; traria mais perguntas, novas perguntas, perguntas mais instigantes, mais abrangentes. Nem podia imaginar que esse primeiro contato com o livro teria reverberações tão amplas, depositando no ser uma seiva que se renova ao simples lampejar da lembrança. E você a carrega embrulhada... como um presente; um pacto entre seu mundo e o do outro que se revela enriquecedor.

* * *

Cerca de dois meses depois, num dia que amanheceu emburrado, chuvoso, denunciando mais um inverno, todos estavam no porão na casa dos avós tricotando, debulhando espigas, ensacando sementes, aproveitando o dia de chuva para armazenar alimentos, quando tia Nita passou por mim e fez sinal:

– Psiu! Vamos – assinalou com a cabeça.

– Para onde vocês pretendem ir, Anita? – perguntou tia Paola, encontrando-nos na escada.

– Buscar o avental da mãe – respondeu titia.

Chegando ao quarto, ela me mostrou o livro embrulhado no avental da nonna e explicou:

– Se vier alguém, a gente se esconde embaixo da cama. Lembra que é segredo; assim como é segredo que você me viu com Jorge.

– Claro que sim, tia! – E tremendo, os olhos brilhando de emoção: – Vamos ler agora?

Ela abriu o livro na primeira ilustração. Ficamos imóveis. Líamos a imagem como se lêssemos um texto: árvores expondo raízes contorcidas paralisadas no chão; galhos frondosos dando abertura a um vale escuro e deserto. O único sinal de vida estava escondido numa longa manta. No fundo de um vale, a meio cami-

(Inferno I, 1-2)

nho andado, de pé, indeciso, assustado, um homem. Titia me disse, apontando para a figura:

– Este homem se chama Dante. É um italiano. Foi ele que escreveu este livro. – E com o dedo polegar apontando para a escrita: – Ah! Veja... Está escrito em italiano e também em português.

Olhei para as palavras com desejo de entendê-las.

– Aqui diz que ele está perdido numa floresta deserta – e leu para mim:

A meio caminhar de nossa vida
fui me encontrar em uma selva escura:
estava a reta minha via perdida.

[...]

Como lá fui parar dizer não sei;
tão tolhido de sono me encontrava,
que a verdadeira via abandonei.

Repetimos os versos. Depois ela fez uma pausa, como para entender as palavras. Eu me detinha na figura. E como não eram apenas palavras e sim experiências, ecoaram por dentro, como questões abertas e indefinidas. Mais amargas ou mais doces, à medida que, esbarrando nelas, cavoucava seu sentido.

* * *

Ao virar a página nos deparamos com a imagem de Dante querendo prosseguir para um caminho de saída, mas via-se bloqueado por um animal selvagem que o empurrava para um lado escuro, levando-o ao desespero. Amedrontado e perdido, parecia que ele chorava e pedia ajuda. O que fazer? Para onde ir? Ah, ele estava perdido!

(Inferno I, 34)

... Vês a fera que o passo me impediu:
contra ela me ajuda, ilustre sábio,
que ela me faz tremer veias e pulso.

Outra viagem te convém fazer
respondeu logo que me viu chorar,
se do lugar selvagem queres fugir.

— Pelo que li, é um poeta, com o nome de Virgílio, conduzindo Dante pela selva escura — explicou-me tia Nita com olhar estarrecido.

Eu também estremeci.

Lendo, titia murmurava os versos que hoje posso ler direto daquele original e resgatar a emoção daquele momento.

Siga-me, e eu serei teu guia, ouvirás gritos de dor,
eterno sofrimento e hediondo ranger de dentes.
Verás um mundo no qual não entra a esperança.

Os olhos escuros de titia estavam preocupados. Então nos benzemos e ela fechou o livro.

Fui brincar com Sultão, nosso cachorro dócil e brincalhão. Mas olhava para a cara dele e via aquela fera; os pomares, despidos pelo frio do inverno, confundiam-se com figuras humanas de troncos e braços terminando em galhos contorcidos pelo desespero. Eu senti medo, é claro, e enquanto todos jantavam, perguntei:

— Mãe, posso dormir com você esta noite?

— Hum, acho que não dá. Papai tem que viajar cedo amanhã — e consolou-me com um ligeiro sorriso, sem fazer mais perguntas.

Naquela noite sonhei com minha boneca de pano que mamãe vestia com tanto carinho. Havia se transformado numa bruxa e estava pendurada no mais alto galho de uma imensa árvore.

(Inferno XIII, 10)

Quanto mais eu me espichava para alcançá-la, mais ela se perdia no infinito, dentro de uma nuvem escura. Pedi socorro, mas não havia quem pudesse me ajudar. Eu estava só, num bosque deserto, e, nos movimentos para resgatar minha boneca, todas as árvores se tornavam gigantes; as folhas, em formato de bocas vorazes, balançavam ameaçadoras.

Entendi depois o quanto essas primeiras imagens ficariam gravadas em minha lembrança. Gravadas a fogo, indo e vindo com seu mistério e seus segredos, com sua provocação e suas interrogações.

4. A toca do diabo

AGOSTO. O DIA AMANHECEU TRANSPARENTE. A natureza estava muda, a vila envolta por um tênue sentimento de fragilidade com os rumores da China de Mao Tsé-Tung.

– Se o comunismo chegar aqui, vão jogar as crianças ao alto e espetá-las com uma faca de ponta – ouvi o titio dizer. Isso era tão real para nós crianças que já tínhamos nosso esconderijo no sótão: um canto escuro no fundo do telhado, onde nos aquietávamos com a certeza de que lá estaríamos a salvo.

Após o almoço, os adultos estavam todos ao redor do rádio, ouvindo o Repórter Esso sobre a política de Gaspar Dutra e da China vermelha. A TV era jovem, apenas inaugurada no Brasil, mas o rádio era maduro e, junto à imprensa jornalística, aquecia o debate político em todos os recantos do país. Até crianças que ainda não frequentavam a escola, ouviam falar dos dois grandes blocos mundiais: Estados Unidos e União Soviética. Nas ruas, nas praças, em caminhões abertos, os "comícios" eram fervorosos e beligerantes. Nossa família toda participava. Fazíamos tudo igual a nossos pais. Discursávamos, debatíamos e cantávamos as marchinhas de Carnaval: "Bota o retrato do velho outra vez, bota no mesmo lugar", querendo Getúlio Vargas de volta à presidência. Um clamor libertário e nacionalista fervia nas veias. Agora entendo que o Brasil estava passando por mudanças, fortalecendo sua identidade e a democracia.

* * *

Sempre que o debate político aquecia os ânimos, tia Nita sabia que os adultos não abandonariam tão cedo a roda de chimarrão. Com um sorriso e aceno de cabeça, atraiu-me para a casa dos avós.

– Eu leio um pouco do livro e você me ajuda a colher nozes hoje à tarde – disse-me com a certeza de meu interesse.

Confirmei sorrindo, dedos apertados e o coração em saltos.

Titia abriu o livro na imagem de um penhasco. Um monstro com chifres, asas de morcego e cabeça humana.

* * *

– Ouvi dizer que o inferno está bem profundo nas entranhas da terra. De lá os condenados não têm mais como sair – exclamou tia Nita com medo estampado no rosto, enquanto eu fixava a imagem. Então, virou a página.

– É o diabo levando um condenado para a toca dele, no fundo dos infernos. E sabe quem está bem lá no fundo, nas garras do diabo? – E leu: – Os *violentos, os corruptos e os traidores.*

– O que é corrupto, titia?

– Não sei... – disse com o olhar perdido. – Vou perguntar para a professora.

– E traidores?

– São os que dizem uma coisa e fazem outra. Como os adultos sempre falam: "Por fora, bela viola; por dentro, pão bolorento". Sabe o que quer dizer?

– Não!

– Por fora, parecem uma flor formosa; por dentro, são estragados.

(Inferno XVII, 121)

– É... tem gente assim?
– Oh, claro que tem!

* * *

Eu estava assustada. Lá estava Lúcifer, com uma asquerosa cabeça de três faces. Figuras de pequenos seres, nas mais diversas posições, embutidas como salames, caíam sobre o diabo, que as esperava com seus chifres e tridentes no mais profundo do inferno. Essas imagens horripilantes trouxeram para minha memória o tal comunismo, como se o inferno fosse acontecer ali. Naquele momento, fiz a mais autêntica profissão de fé: quero ser mártir! Sim, mártir. Mártir não vai para o inferno. Estava petrificada. No meu imaginário, vi as ruas já tomadas por soldados pedindo para confessarmos nossa fé. E como a vila era totalmente católica, pensei que seríamos todos exterminados. Lembrei-me logo do esconderijo. Não! Morrer... não. Se passarem por aqui, estaremos escondidos lá no sótão.

* * *

Quando o sol começou a diminuir de intensidade, fomos todos para as plantações de nozes. Vovô havia decretado que, se as crianças ajudassem na colheita, depois poderiam fazer uma segunda recolha, e as nozes encontradas seriam nosso salário. Titia passou por mim de mansinho, abaixou a cabeça e sussurrou:
– Deixe algumas escondidas perto das pedras, que essas ficam sendo nossas.

Eu escondi muitas e lacrei tudo em absoluto silêncio.

* * *

Naquele dia, enchemos três sacas na segunda colheita. Pesamos e vendemos nossas nozes junto com os adultos. Os tios esboçavam um sorriso malandro, como que adivinhando nossa inocente corrupção. Entreolhavam-se sem nada dizer.

Radiante com esse "primeiro salário" na mão para comprar o que eu quisesse, disfarcei qualquer constrangimento. Mas, à noite, uma dor começou a borbulhar no peito. Era uma dor pequena se transformando num medo gigante. Deitei e chorei.

"Se descobrirem nossa trapaça, teremos que devolver o dinheiro, fora a vergonha pela traquinagem", eu pensava.

Voltava em minha mente o comunismo, o inferno e o medo. Chorei, até que mamãe veio ao quarto e ouviu minha confissão.

– Não precisava ter escondido – murmurou me abraçando.
– Todos sabem que vocês ajudaram e merecem seu dinheirinho – consentiu complacente, porque mamãe tinha a bondade no sangue. E, sem compreender o que se passava em minha imaginação, benzeu-me com o sinal da cruz e disse: – Durma em paz, minha pequena.

* * *

Na noite seguinte, as lembranças voltaram e, junto com o sentimento de culpa, a vergonha em confessar nossa travessura fez com que o inferno se iniciasse, de fato, dentro de mim. Então procurei mamãe.

– Mãe, o diabo existe?
– Claro que existe.
– Você já viu o diabo, mãe!?
– Ver... eu não vi, não, mas sei que ele existe. A gente não vê porque ele é espírito.
– Como Deus, então! Infinito, para sempre.
– Não é a mesma coisa, filha. O diabo é um espírito mau. Assim como existe o anjo da guarda que nos leva para o bom ca-

minho, existem também espíritos sombrios que nos levam pelos caminhos maus.

– Por que ele tem asas de morcego?

– Porque o morcego voa no escuro, às escondidas, à noite, enquanto dormimos. O morcego é esperto e perigoso. Tem morcegos que são vampiros, sugam até o sangue das pessoas. O diabinho é assim, esperto e disfarçado, age no escuro. A gente tem que ter muito cuidado com ele, porque ele não se mostra.

– Ele também é traidor?

– Muito, muito traidor! Mas por que você está com essas coisas na cabeça?

– Porque eu menti para o nonno escondendo as nozes. Eu não queria mentir, mas o anjo da guarda não me ajudou – disse-lhe com o queixo trêmulo e o medo estampado no rosto.

Então, mamãe debruçou-se sobre mim e fez-me uma carícia com o próprio rosto.

– Durma tranquila que o anjo da guarda sempre cuida das crianças. Amanhã, o tio Otávio e tia Maria vêm com Gabriela e vocês podem brincar.

Ela esperou Júlia deitar ao meu lado e nos cobriu. Verificou se o irmãozinho dormia e retirou-se apagando a luz.

* * *

Em voz baixa, Júlia e eu combinamos levar a prima para conhecer a árvore com galhos em forma de cadeirinhas. Numa fração de minutos, Júlia adormeceu. Fiquei um pouco mais, imaginando como poderia brincar com Gabriela no balanço que papai pendurara no pé de nogueira.

* * *

Acordei com o relincho dos cavalos. Ao chegar à cozinha, encontrei a família decidida a ir ao salão paroquial com os tios para uma reunião dos "colonos", como eram chamados os imigrantes.

– Troque a roupa, Bia, e vamos. Lá na praça há guloseimas e o almoço vai ser no salão – disse minha mãe num tom apressado, pois já estávamos atrasados.

Nem tive tempo para me explicar... já estavam de saída.

– *Dio mio!* – exclamou tia Maria. Pegou a mãozinha da filha e se pôs à porta apressando – *Ecco! Andiamo... andiamo!*

Papai colocou o chapéu, mamãe pegou o guarda-chuva e fomos com os tios até a praça da igreja.

– Deixa que eu cuido das crianças – murmurou tia Nita ao ouvido de mamãe. – A reunião já começou, vão, vão, se apressem que o padre está esperando.

Logo se ouviu o vozerio dos homens cantando: "*Mamma cara, dammi cento lire/che in America voglio andare...*". Depois fecharam as portas. O olhar de tia Nita parecia procurar por alguém em meio a um grupo de jovens adolescentes. Deu-nos biscoitos e nos deixou livres para as brincadeiras. Ela foi procurar Jorge, e eu levei a priminha à torre da igreja onde o coral cantava. Era o lugar mais cobiçado pelas crianças. Lá do alto, a vila se mostrava majestosa e atraente. Da janelinha do coro, avistávamos a extensa área rural, as plantações de trigo ondulando, o passar das carroças, homens sacudindo as rédeas, fazendo os cavalos trotarem. A coisa mais linda de se ver. Fizemos uma rápida excursão e voltamos a brincar na praça, onde muitas crianças saltitavam, rodopiavam e riam descontraidamente nas pequenas gangorras de madeira.

* * *

Só no fim da tarde ouvi comentários sobre o motivo da reunião: fundar um clube dos imigrantes para preservar a cultura italiana, diante do movimento nacionalista em crescimento acentuado. Mesmo sem entender, sentia que as famílias estavam ameaçadas em seus costumes e tradições. Era necessário fortalecer a união, resistir, diziam eles.

– Afinal, quem foi que enfrentou as onças, quem desbravou os caminhos desta serra, superou as epidemias, a fome e o medo? Quem? Demos à luz os nossos filhos a sós, sobre o feno, sem nenhuma assistência por parte do Estado, e os alfabetizamos à nossa custa, pagando um professor para que os ensinasse a escrever e a somar.

– *Non è vero?* – disse minha avó, amarrando o lenço à cabeça.

– Vamos nos manter unidos na fé, na família e na luta por nossos valores – quem falou foi a outra nonna, mãe de papai, que os animava a não desistir.

5. A angústia dos condenados

O INVERNO SE DESPEDIA, deixando para trás os pomares transformados em cenários de esqueletos. A ausência das folhas permitia ao sol brincar livremente entre as ramagens das árvores nuas e as raízes adormecidas. A vila se expunha ao calor do sol com janelas abertas e cobertores jogados nas varandas. Tudo sorria naquela tarde de sábado.

Tio Júlio encilhava o cavalo que o levaria ao baile na estância de um fazendeiro que lhe permitira namorar sua guria – uma prenda de dar inveja, tamanha era sua beleza. Titio, um jovem cavalheiro sempre bem-humorado, sorriso maroto e olhar sedutor, esbanjava simpatia.

Nós, crianças, brincávamos por perto, atraídas por seu alegre assobio, quando ele perguntou quem era capaz de deixar-lhe os sapatos lustrosos.

– Eu, eu! – disse prontamente, abandonando a brincadeira.

Enquanto lhe lustrava o sapato, em seu pé firme no estribo direito da sela, titio segurava o cavalo com a valentia de um nobre, como se toda a vila o estivesse admirando. Depois me elevou nos braços e saiu comigo, em passos de dança, erguendo-me ao alto para que eu visse o mundo e o mundo me visse, enquanto ele cantava uma cançoneta italiana:

Coraggio gioventú
Che all'inferno non ci stà piú
Ho visto una signora
Mezza drento e mezza fuora.

Depois, voltando a pousar-me no chão, estalou um beijo em minha bochecha e disse:

— Na volta, trago balas.

Eu saí cantando, com o mesmo entusiasmo, aquela inesquecível melodia.

Coragem juventude
Que no inferno não há mais lugar
Eu vi uma senhora
Meio dentro e meio fora.

— Quem lhe ensinou isso? — perguntou mamãe, com olhar fixo e apreensivo.

— Tio Júlio. É muito bonita, mãe.

— Bonita, mas é de quem não tem fé, de quem não tem esperança.

Papai interferiu.

— Ah, são apenas crianças; a canção é divertida mesmo, deixe...

Então mamãe abrandou o olhar e, balançando a cabeça, sussurrou:

— Tio Júlio, tio Júlio... não tem outras coisas para ensinar às crianças? — sorriu com indulgência, pois amava seu irmão com um carinho de predileção.

Voltamos a brincar e Anita puxou-me pelo braço:

— Lá em casa não tem ninguém, saíram todos. Vamos. Penso que podemos ler um pouco.

Entramos na sala do nonno pela porta da frente, na ponta dos pés. Mas, lá dentro, fomos surpreendidas pela ausência do livro. Não estava na estante! Titia olhou-me com assombro.

– Vigia se alguém está por perto. Vou procurá-lo no quarto.

Foram momentos de um silêncio acorrentado. Um silêncio escondido no medo, na apreensão de que a qualquer momento, por qualquer motivo, estragaríamos tudo.

* * *

– Sabe onde estava? No meio do jornal. Será que desconfiam de nós?! – disse ela.

Eu tremia pelo medo de sermos descobertas.

– Fique calma – disse tia Nita. – Se escutarmos algum barulho, nos escondemos.

E foi me traduzindo imagens monstruosas: uma multidão nua debatendo-se em lama; corpos contorcidos sob a tortura do castigo suplicavam ajuda em meio ao desespero.

Lá fora, ouviam-se barulhos e o eco de vozes. A cada sinal de ruído, titia arrancava-me o livro das mãos e o fechava apreensiva, como se um inimigo estivesse à porta.

Depois voltava às imagens dos condenados, pelas quais ela me explicava que o poeta Virgílio conduzia Dante. E narrou o que o poeta lia no umbral da porta escura do inferno:

– DEIXAI TODA ESPERANÇA, Ó VÓS QUE ENTRAIS...

E continuou lendo o que Dante conversava com Virgílio sobre os gritos de medo, a tristeza e angústia dos condenados. Entendi que eram pessoas destruídas por seus próprios vícios. Os vaidosos, os bêbados, os gulosos, foram os primeiros que Dante encontrou na entrada daquele lugar horrível, cheio de lama e podridão.

– Mestre, por que são eles atormentados com tanto rigor, que lhes arranca tão fortes e pungentes lamentações?
– Posso, em poucas palavras, esclarecer a tua dúvida. A esses infelizes falece a esperança de morrer. São eternos. E eternamente aqui permanecerão. Deles o mundo não conservou a menor recordação. Foram pusilânimes, egoístas, indecisos.

E titia leu o que o poeta dizia a Dante:

– Vamos, a jornada é longa e exige pressa.

Eu estava paralisada; as imagens se sucediam com corpos envoltos em longas caudas, prisioneiros de seu próprio rabo com cabeça de serpente. Não vi qual parte tia Nita lia, só sei que foi narrando e explicando que essas eram as pessoas egoístas. Mas, de todas as figuras daquele dia, a que mais me impressionou foi quando vi homens empurrando com as mãos, com os ombros, e mesmo com a cabeça, blocos enormes de pedras para o alto de uma colina. Era uma frustração; todo esforço parecia inútil. Eu não queria virar a página, por não entender tal suplício, mas titia disse:

– Essas são as almas dos avarentos e dos violentos – depois leu:

– Por que reténs o teu dinheiro?
E revidavam os avaros:
– Por que dissipas o teu?

Enquanto ela me explicava que o inferno era como um relógio que repetia sem cessar: "Sempre, sempre! Eternamente...". Uma pincelada de luz passou pelo corredor e titia fechou o livro:
– Pronto, acabou. Vamos com cuidado.
Voltou a pôr o livro entre o jornal e saímos disfarçando.

(Inferno VII, 64-66)

Quando cheguei em casa, mamãe, que amassava o pão junto com meu irmãozinho, perguntou:

— Bia, quer fazer sua pombinha de pão?

Apressei-me para fazer meu pássaro. Aquele momento lúdico em que fazíamos com mamãe bichos e objetos com a massa do pão e os colocávamos sobre as palhas do milho para serem assados, é uma das lindas lembranças de minha meninice. Cada criança levava ao forno sua obra de arte, com um encanto de artista, oferecendo ao mundo o resultado de seu feito.

Quando mamãe atiçou o fogo no forno à lenha, preparando-o para assar o pão, perguntei:

— Mãe, o espírito pode acender um fogo?

— Claro que não.

— Então, como o diabo acende o fogo no inferno?

— Nem o diabo nem o inferno têm fogo, filha. Quem te disse que tem fogo?

— Eu vi uma figura.

— Bem, uma figura... É uma forma de dizer que, quando a gente faz o mal, fica longe de Deus. Então, aquela vontade de estar com ele queima como fogo. Lembra quando você ficou com saudade da madrinha que foi para Porto Alegre? Você chorava de saudade e dizia que doía como fogo dentro do peito. Quando a gente ama alguém e não pode ver mais aquela pessoa, a dor dentro da gente dói como fogo.

* * *

— Puta merda! – exclamou meu irmãozinho, ao lhe cair das mãos o bichinho que havia feito.

— Mãe, você ouviu o que o Marco disse?

– Que feio, meu filho – falou mamãe, juntando a pombinha dele que mais parecia um rato.
– Mas eu acho bonito. O pai também diz "puta merda".
– Mas é feio – olhei para Marco com desaprovação.
– Eu acho bonito – retrucou com descaso e careta de palhaço.
Mamãe não entrou na disputa, e relevou o fato mudando de foco.
– Levem a comida para os coelhos e, depois, vão tomar banho que, à noite, vamos à missa.

* * *

Mal chegamos à praça da igreja e nos unimos à criançada para brincar. Meu pai, com olhar aparentemente abstrato, parecia estar vigiando tudo, de perto e de longe.
– Quando tocar o sino, eu quero ver todos na igreja. E, por favor, sem bagunça! – completou mamãe.
Corremos empolgados. Imediatamente fomos envolvidos numa brincadeira um tanto maldosa. As crianças estavam amarrando as folhas mais altas da grama como armadilha para os adultos tropeçarem ao saírem da missa. Eu e Marco entramos na brincadeira sem questionar. Afinal, era uma nova aventura, num mundo onde as descobertas tinham sempre algo a ver com a natureza.

* * *

Ao nos aquietarmos na igreja, a lembrança da traquinagem começou a desenhar o cenário do que aconteceria ao chegarmos em casa. Aquele inquérito apertado e o olhar de papai podando e nos corrigindo, feito um cinzel aguçado. Uma dor, naquele lugar invisível de nosso santuário, se misturava com a fala do padre sobre o cuidado que Deus tem com as flores e os pássaros: "Ele cuida de tudo e de todos. Imaginem se não cuidará de nós, quem veste as flores com tanta beleza e dá aos pássaros a liberdade de voar".

Então fiz uma sincera oração:

– Querido Papai do céu, cuide para que ninguém se machuque ao sair da missa – rezava de olhos bem abertos, para Deus enxergar dentro de mim e me perdoar.

6. Linda como Beatriz

ALGUMAS SEMANAS DEPOIS, o verde começava a despontar nos plátanos e cinamomos da vila. O céu limpo e os pássaros, num gorjeio só, despertavam euforia. Foi numa dessas manhãs de domingo que, de surpresa, chegaram meus padrinhos em sua charrete de quatro rodas, puxada por um cavalo branco. Geralmente eles vinham no cavalo encilhado, a madrinha sentada no selim, com a perna esquerda estirada e o pé apoiado no estribo, mantendo a perna direita enganchada na sela para ter segurança. Naquela época, jamais uma mulher montava a cavalo como o homem.

Altiva e doce, com o cabelo loiro em coque bem arrumado, minha madrinha Alzira era uma mulher muito bonita. Chegava com suas saias rendadas e esperava o padrinho ajudá-la a descer do cavalo. Eu ficava admirando aquele gesto de cavalheirismo com orgulho de ser sua afilhada.

Neste domingo, eles tinham vindo com a charrete de assentos em cor vermelha e um pequeno teto balançando curtas franjas. Assim que desceram da carruagem, dirigiram-se à minha mãe, que os acolheu:

– Ó compadres, que surpresa. Vamos entrar.

– Não, não, comadre. Não podemos demorar. Viemos buscar nossa afilhada para almoçar conosco. Ela pode ir? – o convite vinha emoldurado por um sorriso cativante.

Eu pulei em seu colo e deixei-me afagar pelo carinho generoso, esperando algum presentinho surpresa, ainda que fosse uma rapadura, como de costume. Mas, naquele dia, ela me entregou ao padrinho, sem outros afagos. Foi ele quem colocou umas moedas em minha mão para depositar no cofre – toda criança tinha o seu, e o meu era uma casinha de madeira, com janela e portas pintadas, um coração no umbral da frente e chaminé no teto. Eu amava mais a casinha do que as moedas que ela podia guardar. Imaginava minha casa do futuro com um coração pulsando e eu, escondida nela, lendo, lendo todos os livros do mundo.

A madrinha trocou uma conversa íntima com mamãe e, depois, nos dirigimos ao sítio deles. Percorremos a pequena distância por estradas de chão batido, entre sorrisos e carinhos. A casa de meus padrinhos era maior que a nossa, cercada de enormes áreas cobertas, movimento de animais e um envolvente murmúrio de água vindo de um moinho no riacho próximo. Sobre uma taipa de pedras, um canal de madeira suspenso em declive jogava abundante água sobre uma roda gigante que movimentava uma engrenagem totalmente nova para mim. Depois, a água era restituída ao mesmo riacho que passava por baixo da casa e saía aos fundos, formando um lago tranquilo, onde gansos, marrecos e patos nadavam em liberdade.

Assim que chegamos, vieram ao nosso encontro dois filhos homens, jovens e alegres; tomaram a charrete e desencilharam o cavalo. Ao entrar em casa, as moças nos esperavam com o almoço pronto. Depois de umas poucas confabulações familiares, os padrinhos me sentaram numa cadeira ao lado deles:

– Fomos buscar você, Bia, porque queremos lhe dar de presente o casal de patos com os quinze patinhos que nasceram esses dias. Depois do almoço, Arlete vai lhe mostrar os arredores, Bia. Você pode colher as frutas que quiser. Enquanto isso, Osório coloca os patinhos num caixote, e eu te levo de volta – disse o padrinho, homem de mãos grossas e calejadas, mas cordial e amoroso.

* * *

Eu fiquei surpresa, não cabia em mim de felicidade. Animadíssima para contar à minha mãe o orgulho de ter esses padrinhos e mostrar o presente que me haviam dado. Em meu pensamento formava frases de gratidão, mesmo sabendo que conseguiria apenas dizer: "Obrigada, gostei muito".

O padrinho, porém, não voltou de charrete. Colocou-me à frente dele, na sela do cavalo, pediu que eu segurasse bem o caixote com a ninhada de patos, depois me afivelou com seus grossos braços e, tomando as rédeas, conduziu-nos à vila. Eu abraçando a família de patos e ele nos protegendo feito mamãe-canguru.

* * *

Ao chegarmos, encontramos a casa fechada. Então, fomos até a casa dos nonnos. O padrinho me entregou à tia Paola, que nos contou:

– Eles foram com as crianças ver Tarcísio, irmão de papai. Dizem que ele sofreu um pequeno acidente ao domar um cavalo, nada grave. Pode deixar a Bia aqui, que eu cuido dela. À noitinha estão de volta – concluiu Paola.

Mostrei os patinhos para titia, que ergueu a caixa até a altura do rosto.

– Aaah! Que maravilha! Deixe eles aqui na varanda, bem fechadinhos, senão o gato vai fazer a festa – e sorrindo voltou a trabalhar em seu enxoval, junto com uma amiga.

– Vai lá com a Anita, que está na sala de jantar estudando – disse Paola, entretida com os preparativos do casamento.

Anita pintava uma paisagem em seu caderno de desenho. Deu-me uma folha em branco e ensinou-me desenhar a silhueta de pequenas colinas, uma palmeira só de traços e algumas nuvens no céu. Um dia cheio de novidades e eu ainda não estava saciada.

– Tia, por que não vamos ler aquele livro?
– Porque preciso fazer a lição para amanhã.
– Bom – continuei –, eu espero.

Não tendo nada a fazer, senão observar e fantasiar, esperei até ela pintar tudo, jardins, coqueiros e riachos. Depois nos debruçamos sobre o livro.

Anita nunca lia em sequência. Como eu não sabia ler, ela deixava as imagens despertarem meus sentimentos. Nesse dia, foi a figura de Dante diante de uma mulher vestida de branco, manto solto até os pés, emanando luz em meio à selva escura, que me fez parar. No rodapé da página, titia leu para mim:

> – Eu sou Beatriz e te ajudo andar;
> venho de um lugar onde desejo voltar,
> é o amor, que, contigo, me faz falar.

Lia os versos na página ao lado e me explicava o significado, conforme a compreensão dela. Dizia que Beatriz fora o primeiro amor de Dante, morrera jovem e agora descia do céu para ajudá-lo a atravessar o tenebroso caminho que fizera ao visitar o inferno. Beatriz não era apenas uma linda mulher, mas um ser cheio de luz e graça, com voz suave e angelical, que emanava uma felicidade segura, a felicidade dos santos. Naquele ambiente de escuridão, Beatriz era uma luz que apaziguava a alma amedrontada de Dante e lhe falava:

> – O medo se deve somente àquelas coisas
> que podem causar algum tipo de mal;
> as outras não, pois não causam dano a ninguém.

(Inferno II, 70-72)

Segundo titia, Beatriz assegurava-lhe que, ao voltar ao céu, diante de seu Senhor, estaria muito feliz por ajudar Dante a chegar até o paraíso.

Beatriz não estava só. Outras mulheres a acompanhavam, e, vendo Dante duvidoso e amedrontado em prosseguir a viagem pelo inferno, incentivavam-na:

– Você não vai salvar da desventura quem mais te amou?
Você não ouve de seu pranto a amargura
e não vê como a morte o amedronta?

E, com lágrimas, Beatriz voltava-se para Dante:

– Então que há? Por que estás reticente?
Por que no peito tal tibiez reténs?
Por que não és audaz e persistente?

Pude entender que, depois deste encontro com Beatriz, Dante, determinado, volta-se para o guia e, sem medo, prossegue a viagem, dizendo:

– Vamos que agora é dos dois um só querer:
tu condutor, tu senhor e tu mestre.
Assim lhe disse e, quando o vi mover-se,
entrei pelo caminho árduo e silvestre.

Anita parou entretida com algumas palavras. Eu também parei e vi sobrepor-se, à imagem do livro, aquela fotografia de família de que eu não gostava. Meus pais e nós, as meninas. Todas com um largo laço de fita sobre o cabelo. Minhas irmãs, bonitas, com roupas floridas e sapatinhos de menina. Eu, bem menor, com camisolinha e meias de tricô, acanhada entre o colo e os braços de minha mãe, dou a impressão de uma docilidade insubordinada. O semblante inquisitivo me mostrava como um bebê preocupado, com traços contraídos. Nunca gostei daquela foto, mas era a única na qual podia espelhar-me. O sentimento que trazia de minha imagem, começou a lutar com o desejo de ser linda como Beatriz. Perguntava-me: "Se eu carrego seu nome, por que não posso ser como ela?". Voltei-me para titia:

– Será que a mamãe leu este livro, por isso me deu o nome de Beatriz?

– Acredito que sim. Sua mãe adora ler, e Beatriz é um nome muito bonito – disse fechando o livro.

Permanecemos alguns minutos em silêncio, deitadas uma ao lado da outra, sem nos olharmos.

– Tia, Dante tem que ficar bonito como Beatriz, para se encontrar com ela no céu? – perguntei timidamente.

– Ah, sim, com certeza. Você já viu um anjo feio?

– Não.

– Então? Para entrar no céu, tem que virar anjo.

– E como a gente pode virar anjo?

– Sendo boa. A gente não diz "você é um anjo", quando alguém faz o bem para o outro?

– Ser bonita como Beatriz é o mesmo que ser boa?

– Claro! – E levantando-se continuou: – Vamos guardar o livro, que daqui a pouco estão chegando em casa.

* * *

Eu estava feliz com tudo o que acontecera naquele dia. Ia me esforçar para ser boa e ficar bonita como Beatriz. Esperava mamãe para mostrar-lhe o presente dos padrinhos. O caixote com a ninhada de patos já estava no porão e, assim que mamãe chegou, corri ao seu encontro com os filhotes que já reclamavam por comida.

– Nossa! Que presente lindo! Agora tem que cuidar deles – e, enquanto me ensinava a fazer a comida para os bichinhos, ia caminhando preocupada com a ordenha das vacas.

Marco chegou com nossas canecas esmaltadas e seguimos mamãe para receber, direto das tetas da vaca, uma caneca de leite. As vacas nos olhavam em respeitoso silêncio, enquanto mamãe fazia esguichar o leite de longe, dentro das canecas. Ficávamos na torcida, para aplaudir em qual delas se formaria mais espuma. Na verdade, era uma disputa pelo amor que julgávamos que vinha assim da mamãe, como o leite, esguichando sem retorno. A caneca de Marco já espumava para fora, mas eu celebrava comigo mesma, porque tinha de ser boa para ficar bonita, portanto, nada de inveja nem reclamação.

À noite, deitada na cama, pensava no que poderia fazer para ser muito boa, sonhava em ficar cheia de luz, sorridente e linda, feliz por ajudar os que eu amava chegarem à porta do céu, como disse Beatriz. E aí, deitada, com as mãozinhas sobre o peito, adormeci contemplando as estrelas que piscavam cúmplices, grandes e brancas, tão próximas que eu tinha vontade de apanhá-las com as mãos.

7. Meu Deus! Que horror!

AQUELA TARDE, em que a vila fervia à espera das carreatas prometendo levar Getúlio Vargas de volta à presidência da República, deixou uns cacos de lembranças que agora regressam, como momento marcante desta história. Todos ocupadíssimos. Ombros musculosos armavam portais de palmeiras; outros traziam às costas meio bezerro para o churrasco ou despejavam garrafões de vinho. Mãos calejadas batiam o martelo finalizando o palanque para o comício. Aventais amarrados em cinturas femininas dançavam na ginga de mãos adestradas a enfornar e desenfornar cestos de pães. O vaivém de pés, a troca de olhares, ora cúmplices, ora provocadores, e o murmurinho de vozes alternadas fazia da vila uma feira aberta. Mas esse era o mundo dos adultos, cheio de querências e desavenças, capaz de reunir todos num torvelinho de opiniões contraditórias. Um mundo de que eles mesmos cuidavam ao seu tempo. Eu procurava tia Nita, sob a ordem de um pensamento determinado: fiquem longe e entretidos os adultos, pois o nosso mundo é só o livro.

* * *

Sobre a cama dos nonnos, titia abriu *A Divina Comédia*, recostando o livro ao travesseiro. Deitamos de frente, com o queixo apoiado sobre os punhos, para um momento de pura descoberta.

— Anita! A-ni-ta! — alguém chamou. Titia pulou da cama e saiu fechando a porta do quarto. "Hummm! Sozinha diante do livro", suspirei.

* * *

O coração palpitava, a visão crescia; crescia e transformava as letras em portais mágicos por onde eu acreditava que chegariam as respostas a todas minhas expectativas. As páginas cobriam meu mundo e balançavam-se livres convidando-me a voar, conquistar e sonhar; sonhar outros mundos que imaginava engaiolados nas folhas de papel. Aliás, o próprio papel do livro era uma pele para mim. Era como se dos poros do papel transpirassem um mundo desconhecido que eu buscava encontrar. Pensava se poderia tocar em Beatriz e sentir sua pele angelical, sua voz tênue aquecendo meu ouvido. A bela Beatriz, minha musa. Eu e ela, a sós...

Virei a página e olhei Virgílio proteger Dante, com os olhos fitos sobre seres humanos em desespero. Importunavam-se uns aos outros, engalfinhados em gestos horripilantes.

* * *

Mais profundo no fosso, pessoas submersas em dejetos humanos espancavam-se a si mesmas imundas e desesperadas.

Quanto mais folheava o livro, mais o espanto me tomava. Corpos humanos caindo de um penhasco tentando livrar-se das serpentes que os torturavam.

Troncos humanos com nodosos ramos, dos quais balançam farpas venenosas; largas asas, colo e rosto de mulher, garras no lugar de dedos, ventres volumosos, cabelos desgrenhados...

"Meu Deus, meu Deus! Que horror!"

Senti o frio do medo... lágrimas começavam a rolar, quando tia Nita abriu a porta.

(Inferno VI, 49-51)

— Que é isso, Bia?! Você está chorando...
— As figuras... elas assustam.
— Ah, bobinha. Se você se assusta, não dá mais para ler...
— Não, não, por favor. Eu quero que você leia e me explique por que eles estão no inferno. Olhe esta figura, as gotas da chuva parecem chamas de fogo!

Primeiro, tia Nita lia em silêncio para compreender. Depois explicava em poucas palavras, porque, dizia ela, a escrita era difícil.

— Diz o livro que são pessoas orgulhosas, avarentas e invejosas. Cheias de vícios, não se esforçaram para buscar o caminho do bem.

Não há maior dor do que a de nos recordarmos
dos dias felizes quando estamos na miséria.

— O que é avarenta, tia?
— É aquela pessoa que se apega muito ao dinheiro, prejudica os outros para ter tudo para si. Quer ter dinheiro... muito dinheiro – afirmou sacudindo os ombros.
— E esses que estão presos em túmulos?
— Deixa ver... – e depois de um curto silêncio – Ah, esses são os que se acham sábios, mas que praticaram a injustiça, a violência ou a fraude.
— O que é fraude?
— Roubo. Esses são ladrões. Saqueadores que destruíram os bens dos outros ou se apossaram deles criminosamente.
— Oh! Meu Deus! – exclamou Anita, tampando a boca com as mãos. – Está escrito que tem padres e até um papa no inferno – e balançou a cabeça, preocupada.

(Inferno XXIV, 91-93)

– Ah! – suspirei. – Se mamãe souber...
– Você não vai contar, né?!
– Claro que não, nem pensar!
– Escuta, escuta o que diz aqui: "Os lugares mais quentes do inferno são para os que em tempo de crises ficaram omissos". E, antes que me pergunte, Bia, vou te explicar: esses são os preguiçosos, que, para não se machucarem nem sujarem seu nome, ficam sem fazer nada... – e, lendo mais um pouco, continuou – ... estão cheios de remorso, remorso eterno, por terem ofendido o amor fraterno, por ficarem de braços cruzados, quando tinham que lutar pelo bem de todos.

* * *

Concentradas, contemplávamos aquele espantoso recinto. Outros condenados com novos tormentos. Carrascos, algozes em plena nudez moviam-se apressados, pois eram, ao longo da jornada, torturados por demônios implacáveis; demônios chifrudos, munidos de pesados chicotes açoitavam cruelmente os condenados pelas costas, sem cessar.

De repente, reparei no corpo de uma mulher no meio dos condenados. Eu queria descobrir quem era, mas começamos a ouvir o povo gritar na praça:

– Ge-tú-lio! Ge-tú-lio! Ge-tú-lio!

Titia escondeu o livro sob o travesseiro e foi à janela. O povo já se dispersava em pequenos grupos.

– Vamos, vamos, que já estão chegando. Devolveu *A Divina Comédia* à estante e saiu à minha frente, quase pulando.

* * *

Poucas horas depois, estava na cozinha com mamãe e a nonna, a mãe de meu pai. As duas conversavam sobre o tio Beto, irmão

(Inferno XIII, 34)

mais novo de papai. Um jovem adolescente que trabalhava duro durante a semana, para depois gastar tudo aos sábados e domingos em bailes e namoros descomprometidos. A nonna estava muito preocupada, insistia que meu pai, por ser o mais velho, deveria intervir na conduta do irmão.

– Bia, vai me buscar uns ovos lá no porão – pediu mamãe, para me distrair da conversa.

Instantes depois, eu voltava em lágrimas.

– O que foi, filha?

– O patinho, mãe. Um patinho morreu.

– *Bambina mia...* – pegando-me no colo, sussurrou ao meu ouvido: – Depois vamos resolver isso.

Minha mãe e a nonna continuaram a conversar até a chegada de papai, que prometeu conversar com tio Beto. Em seguida, minha mãe veio me encontrar.

* * *

– Vamos enterrá-lo debaixo do pinheiro, mãe. Assim ele fica na sombra.

– Sim, pode ser. Eu faço o buraco e você o enterra aqui.

– Mãe, para onde vão os bichinhos quando morrem?

– Num lugar de descanso.

– Não é no inferno, né, mãe?

– Mas, filha, por que essa preocupação com o inferno? Claro que não. O inferno só acontece para quem tem o uso da razão, consciência.

– Consciência... – murmurei sem perguntar, mas deixando mamãe compreender que nosso pensamento estava desconexo. O que tinha a ver a consciência com o medo que me invadia de que o patinho sofresse com o calor do inferno?

(Inferno XIV, 40-42)

Mamãe afastou rapidamente meu medo:

– Filha, o pato não pensa, não tem escolhas sobre seus atos, ele não sabe o que é bom e o que é mau – e, fazendo um pequeno círculo sobre seu coração, continuou: – Aqui dentro de nós tem alguma coisa viva, vamos chamá-la de consciência, que nos alegra quando fazemos o bem e nos faz sofrer quando escolhemos o mal. Quando o sofrimento vem da consciência, arde, dói, a gente diz: "Que inferno!". Quando a gente escolhe o bem, sentimos alegria, a vida fica leve e dizemos: "Hoje estou no céu". Essas são coisas que a gente vai entendendo com a vida. Deixe o bichinho descansar agora, que a vida do outro não pertence a nós.

(Inferno XVIII, 37-38)

8. O encapuzado sinistro

SEMANAS DEPOIS, a vila estava novamente em alvoroço com preparativos. Eram as "As santas missões". Todos estavam presentes. O comerciante que se declarava ateu, o fazendeiro que dizia não precisar de rezas, a benzedeira que atuava sem a permissão do vigário... Todos, até o rapaz epilético que diziam viver escondido num penhasco. Senhoras com véus na cabeça, homens carregando um andor com imagem, jovens de fitas azuis atravessadas ao peito, o coral em frente à igreja e a procissão se compondo.

Lembro que mamãe me vestiu de branco e ajeitou uma guirlanda de flores em minha cabeça. Entregou-me um cestinho cheio de pétalas de rosas e colocou-me no grupo das crianças. Caminhávamos à frente da procissão semeando as pétalas. Iniciei com muita alegria. Pensava na radiante Beatriz ajudando Dante a entrar pela porta do céu. Caminhávamos em fila, olhares vagos, rezas iguais, cantos vibrantes.

De repente, no chão ao meu lado, pés grandes embaraçados em vestes pretas pisavam as pétalas ao compasso da marcha. O tilintar de um grande rosário roçava em meu braço; ergui o olhar e vi um rosto magro, encapuzado, no topo de um saco dividido ao meio por um cordão. De sua boca vinha a ordem:

– Salva tua alma.

Amoleci... Parei de jogar as pétalas e corri ao encontro de mamãe, com lágrimas engrossando minhas pálpebras.

— Não quero ser santa, não quero ser santa!
— Bia, que é isso? Você só tem que jogar as pétalas. Vá lá com as outras crianças.

Mas, em minha imaginação, as figuras dos condenados do livro saíam como almas penadas e misturavam-se à procissão numa rapidez vertiginosa. Fiquei perto de minha mãe, imóvel. O coração latejava, em batimentos que só eu ouvia.

* * *

Chegando à igreja, os homens acomodaram-se nos bancos do lado direito e as mulheres no lado esquerdo. Então, aquele estranho de capuz, braços longos como eu nunca tinha visto, subiu ao lugar mais alto e começou a falar. Uma fala desconhecida, não era o dialeto dos nonnos, nem o português. Em minha fantasia, novamente a alternância de imagens: os longos braços em gestos teatrais mesclavam-se com os finos, secos e compridos galhos-braços das figuras dos condenados. De pé, agarrada à cintura de mamãe, que permanecia ajoelhada, a demora do tempo me incomodava. Até que um murmurinho, quase respeitoso, tomou conta do ambiente e algumas pessoas arriscaram-se a resmungar em tom insatisfeito. Uma vizinha aproximou-se de mamãe e comentou em voz baixa e íntima:

— Ele exige que as mulheres cubram a cabeça com véus e as que estão de mangas curtas saiam da igreja.

Mamãe arqueou as sobrancelhas. Nos lábios, havia palavras que não foram ditas: "Deixe o padre seguir seu caminho, que ninguém é perfeito neste nosso mundo". E, com olhos bondosos, deixou no ar um gesto interrogativo.

* * *

Após o almoço, na roda do chimarrão, o mesmo assunto.
– Não sei... não sei... Nunca se viu isso – falava Vitório, agarrando a cuia com as mãos tensas, queixo nervoso e olhos avermelhados. – Mandar a Gema para fora da igreja?! Ela que sempre animou as festas com tanta competência!
– Que barbaridade – murmurou papai. – Se tivesse feito isso com minha mulher, não ficava por isso, não.
Mamãe tentou dizer alguma coisa, mas outra vez não disse, porque o nonno tomou a palavra:
– Eu me disponho a acompanhar vocês e ir lá falar com o vigário – e, fechando um pequeno cerco, os homens se aproximaram.

* * *

Ao lado da roda dos adultos, na mesma calçada, Marco e eu brincávamos de pião. Quando percebi que a conversa levaria os adultos para outro rumo, deixei a brincadeira.
– Não quero mais brincar – e deixei meu irmão rodando pião sozinho.
À medida que a vida se espelhava nas páginas daquele livro, eu o procurava com mais sede. Em suas figuras, embebia minha imaginação até as bordas do limite. Queria saber mais sobre pecados, castigos, desejos, fatos, almas, condenados... Por isso fui de mansinho encostando-me na tia Nita.
– Tia, eu incomodo se fico aqui com você? – perguntei ao observá-la toda atenta em trançar palha de trigo.
– Claro que não!
– Você vai fazer uma boneca?
– Não, a mãe disse que é para trançar as palhas que depois ela costura o chapéu.
– Eu posso ajudar?

– Pode. Escolhe as palhas e as arrume juntas, uma sobre a outra.
– Se a gente acabar cedo, vamos ler o livro?
Ela hesitou:
– É... se não demorarmos muito.
– Eu tive uma ideia, tia. Se você buscar o livro, podemos ler aqui. Acho que ninguém vem ao paiol agora.
– Hum, deixe eu pensar... – depois de um silêncio meditativo, falou: – A mãe está em casa e ela pode me perguntar o que vou fazer.
– Está bem. A gente espera.
Passados alguns instantes, titia olhou-me sério e disse:
– Fique aqui, tá? Eu não demoro.

* * *

Naquele dia, vimos o inferno de Dante entre as palhas do milho. Na primeira imagem apareceram, em um fosso profundo e escuro, túmulos abertos onde os condenados tentavam escapar do calor das chamas.

– Vê meu duro castigo! – assim falava...
– Eu sou Betran, que há dado ao jovem rei consulta, em mal tecida.

* * *

– São os maus conselheiros do rei e ladrões – falou ao me mostrar outra gravura. No alto de um rochedo, uma criatura infernal, com asas distendidas, voa rápido carregando um pecador, segurando-o com ambas as mãos. E, do alto do penhasco, ameaça lançar o condenado ao fundo do precipício:

– Vai, trapaceiro, lá todos são corruptos,
  por dinheiro qualquer, trocam um não pelo sim...

(Inferno XXII, 139-140)

A figura de chamas agitadas, parecendo falar, também era terrível. Titia comentou comigo que até Dante parecia imóvel e aterrorizado, enquanto Virgílio lhe explicava:

– Dentro daquelas labaredas estão espíritos, cada um dos quais se vê envolvido naquilo que o abrasa.

Mas a figura que nos petrificou foi aquela em que um condenado mordia a cabeça de outro.

– Ai, que horror! Gela até o sangue – disse a tia, fechando o livro, e, brincando de fazer cócegas, tentava me distrair, tão impressionante eram aquelas imagens.

– Tia, você não leu a parte que fala por que as cobras picam os condenados. Será que não está escrito?

Abanando a cabeça, ela abriu novamente o livro na mesma imagem e leu que os condenados eram todos ladrões e assassinos, blasfemos e bajuladores... Um deles, "com muita esperteza, roubara do irmão o rebanho que pastava vizinho a sua gruta".

– Então o diabo é uma cobra? – perguntei, sabendo que as cobras estavam sempre por perto em nossa vila.

– A cobra é um animal esperto, rápido, enganador. Talvez por isso o diabo se pareça com a cobra.

Diferentes imagens mostravam corpos com o peito aberto, membros deformados, bocas escancaradas, lábios retorcidos.

– Esses falsificaram dinheiro – comentou Anita.

Vultos desesperados, uns no fogo, outros no gelo; muitos nomes estranhos: Júpiter, Hércules, Cipião...

– Vamos pular tudo isso – apressou-se Anita – nem sei ler direito.

* * *

(Inferno XXXII, 130-132)

A cada dia era um novo verso. Nova história. Nova imagem. Algumas nos faziam sorrir. Outras despertavam medos abafados. Os adultos percebiam que havia algum segredo entre nós, mas estavam tranquilos. Mamãe nos acompanhava na espreita. Sorria daquele jeito de mãe. Às vezes perguntava, outras respondia com um meneio de cabeça, sempre com brandura nos lábios. Enganava com respostas sobre perguntas ousadas, afastava as dúvidas de forma simples. Suas falas ocorriam mais à noite, quando o dia se desocupava e a vida parava de borbulhar. Então, as palavras de amor e perdão vinham assinadas pelo exemplo, dessas virtudes das quais mamãe tinha no sangue: "Deus é fabuloso, nos ouve no íntimo... É melhor ser ferida do que ferir... Nunca durma sem dar o perdão". Expressões que mamãe repetia com convicção.

9. Ladrões e trapaceiros

DO FERREIRO, só lembro o nariz batatudo, esburacado feito casca de laranja. Quase sempre vermelho por causa do vinho que bebia em excesso, dizia-se. Era um senhor que afiava ferramentas para a lavoura, consertava panelas e outros utensílios domésticos numa oficina munida de longas pilhas de lenha ao lado da forja. Havia também um trator velho e amontoados de ferro torcido.

Certo dia, a mando de mamãe, fui com meu irmão Marco até aquela oficina de consertos para ajustar uma tampa de chaleira. Enquanto o homem arrumava a tampa, concentrado em ganhar seu pão, vi os olhos de meu irmão brilharem em direção a um canivete que estava na banqueta mais abaixo da mesa. Minha impressão era de que ele cobiçava aquele objeto.

Mais tarde, naquele mesmo dia, encontrei meu irmão fabricando um estilingue com aquele canivete. Ele tentou escondê-lo no bolso.

– Deixa para fazer o bodoque depois, Marco, vem brincar comigo.

Nós, as meninas, tínhamos convidado a nonna, as tias e a mamãe para o batizado das bonecas. Eu estava orgulhosa de ver meu irmãozinho paramentado de padre, batizando nossas crianças, e queria que fosse um evento para todos aplaudirem. Mas Marcos não gostava de nossas brincadeiras. Queria mesmo era jogar futebol e caçar com seu estilingue, que ele chamava de funda.

– Não, não vou e não quero. Não sou menina – respondeu com um frágil disfarce de revolta por ter sido flagrado em seu delito.

Marco tinha um jeito atrevido e, sendo o único menino, ganhava todas as disputas quando se tratava de preferências.

– Ah, você não vem... Então, vou contar pra mãe que você roubou esse canivete.

– Roubei nada, sua merdinha fedida!

– Roubou, sim, que eu vi. Você que é um cagão! Bobão! – então nos agarramos numa violência brutal. Ele puxava meu cabelo e eu o mordia o quanto possível. Esperneia daqui, chuta pra lá, rola no chão e, entre socos e gritos, a briga resultou num acidente. O vaso, objeto de estimação de mamãe, estilhaçou-se num estrondo que a trouxe correndo até onde nos encontrou encurralados de medo.

– Por que vocês brigaram? – perguntou mamãe, fixando-me com descontentamento. Depois, virou para meu irmão: – Marco, volte aqui! Não podem brincar juntos sem brigar?

Mas ele já corria longe, por baixo dos pomares. Caiu a noite e nada de Marco aparecer.

– Onde se meteu esse menino, *Dio mio* – murmurava mamãe. Preocupada e ansiosa perguntou novamente: – Que foi que você fez? Por que vocês brigaram?

Eu tentava explicar o roubo do canivete, mas, com sentimento de culpa por estar entregando meu irmão, balbuciava as palavras sem muita clareza. Sentia ter chegado um daqueles momentos cruciais em que mamãe nos apertava entre seus joelhos:

– Olhe bem nos meus olhos e não minta...! Você está certa de que ele pegou o canivete?

– Acho que sim.

— Acho, não! É ou não é!? — mamãe tinha um apego pela verdade, pela justiça, do qual não abria mão nem em favor dos filhos: — É ou não é?!

Tive a convicção de que as letras saltitavam em minha retina. Conhecia bem o *slogan* de mamãe: "Eu leio nos olhos quando vocês mentem". Era como se, com seu olhar, ela enxergasse dentro de nós. Por isso, a gente os fechava bem apertadinhos, para que as letras não pulassem para fora nos desmentindo. De repente, num olhar sem julgamento, mamãe acrescentou:

— Quem diz a verdade não merece castigo. Ele pegou mesmo o canivete? — perguntou-me em tom brando, preocupada com o menino que não aparecia.

Cerrei os olhos e confirmei com um tímido movimento de cabeça, embrulhando na memória a convicção de que meus pais não delegavam a outros a formação do caráter de seus filhos. Aprendíamos nos joelhos deles que na conduta não há subterfúgios ou meios-termos, apenas a verdade ou a mentira.

* * *

Quando papai chegou e soube do acontecido, olhou para minha mãe com aparente calma.

— Ele chega para o jantar. De nada adianta ficarmos preocupados.

A noite ia caindo, os sapos começavam a coaxar, os vagalumes piscavam no topo dos plátanos. Então, papai saiu à procura de Marco.

Encontrou-o no porão, escondido dentro de uma pipa. Meu irmão vinha em prantos. Foi o que bastou para que o choro retornasse a mim também.

Meu pai puxava Marco pelo braço, quando o apresentou à mamãe, que estava comigo. E com o canivete na mão interrogou:

– Quem te deu isso?!

Silêncio...

– Onde você pegou esse canivete?

Mais silêncio constrangedor...

– Na oficina – respondeu trêmulo meu irmão, lançando um rápido olhar de fúria para mim. O silêncio de todos naquele pequeno tribunal inundou minha alma de tristeza. Agora era meu irmão que precisava de afeto.

– Vamos agora mesmo levar esse canivete de volta e pedir desculpas ao Giacomo – disse meu pai, enfático, franzindo a testa. – Eu não criei filhos para mentir ou roubar. Vocês poderão sair de casa pobres, mas com educação e vergonha na cara. Roubo e mentira são como dois irmãos. Brigam quando um tem que perder e se abraçam quando interessa ganhar juntos.

E fomos um à direita, outro à esquerda de papai.

* * *

No trajeto até a oficina, as cenas que titia havia me mostrado, sobre o poeta Virgílio guiando Dante aos infernos, rolavam em minha cabeça como num filme atrapalhado. Minha impressão era de que caminhávamos para aquele lugar, onde ladrões e trapaceiros enlaçados e mordidos por enormes cobras eram arremessados para um fosso na resina borbulhante. Os demônios os empurravam: "Vai esconder bem lá no fundo do inferno o que você tem roubado dos outros".

Lembrei-me de titia imitando as figuras de *A Divina Comédia*: ela punha a língua para fora e, fazendo figa com uma das mãos, dizia:

– Toma, que a língua é muito perigosa. Toma! – E indignada repetia a figa: – Seus mentirosos e trapaceiros!

Os sentimentos se misturavam às frases que ela quase me fazia decorar, porque eram em versos:

(Inferno XXV, 67-68)

Não vos movais e que um de vós nos conte
onde se perdeu e como terminou seus dias,
feitos não fostes a viver como brutos,
mas para seguir virtude e conhecimento.

* * *

A essa altura, com a mão presa à de papai, sentia minhas pernas bambearem. Caminhava como aquelas almas condenadas. Na memória ruminava as imagens de rostos raivosos, cabeças encravadas em gelo, parecendo vidro, rindo com sarcasmo. Quando papai apertou minha mãozinha trêmula, a figura de dois condenados, onde um deles mordia sem parar a nuca do outro, tomou todo o meu imaginário... Naquela confusão de imagens, mais figuras amedrontadoras sobrepunham-se em *flashes* súbitos.

Caminhávamos em silêncio, a imaginação fervilhava. Ouvi a voz de titia lendo o diálogo de um traidor que responde a Dante:

– Quem é você para censurar os outros?

E o poeta irritado abaixava-se rápido e, segurando-o com força pelos cabelos, dizia:

– Não me interessam mais tuas informações, malvado traidor, mas para tua vergonha falarei de ti aos homens, narrando a verdade nua e crua a teu respeito.

Lembro-me de ouvir que, após difícil e longa caminhada, chegaram à extremidade do tenebroso túnel e então Virgílio voltou-se para Dante:

– Mas, meu filho, a noite avança e nós devemos partir, pois já vimos aqui tudo o que devíamos ver.

(Inferno XXXII, 98-99)

Então Dante compreendeu que iam deixar o inferno, e as últimas palavras que titia leu, antes de fechar o livro, pôs fim àquele pesadelo infernal: chegam ao topo do inferno e, numa manobra de mestre, Virgílio leva o discípulo para outro patamar, onde veem surgir, com seu esplendor inebriante, o maravilhoso céu polvilhado de estrelas.

E quindi uscimmo a riveder le stelle.

Stelle era uma palavra doce de pronunciar, talvez por isso eu amasse tanto contemplar as estrelas, desaparecidas naquele trajeto até a oficina.

– *Buona notte, Giacomo!* – e, dando-lhe a mão, papai começou a conversar sobre o assunto da reunião no salão da igreja. Expôs algumas ideias sobre projetos de cantorias com acordeões e danças típicas da Itália.

Só então reparei que Giacomo era um homem de meia-idade, grande e gordo, com um rosto bonito. Expandia uma felicidade pacata ao lado da esposa.

– E nós podemos ajudar na cozinha. Rosa é boa cozinheira. Faz umas cucas...! – completou Giacomo, olhando a esposa que deixara a mesa de jantar para entrar na conversa.

– Certo, vamos pensar também nisso... – e, voltando-se para nós, papai disse: – Mas, agora, as crianças têm uma história pra contar.

Marco avançou tímido, mas sincero.

– Desculpe, eu vim devolver esse canivete que peguei para fazer meu estilingue.

Os adultos se entreolharam mudos, até que Giacomo falou quase gargalhando, em seu sotaque bonachão e fortemente italiano.

(Inferno XXXIV, 139)

– *Ma porca miseria!* Se tu precisa, leva pra casa e devolve quando acabar o teu bodoque. Eu não preciso dele.

* * *

Ao voltarmos para casa, uma visita esperava papai. Era o vigário, padre Mário, italiano, inteligente, que desejava discutir sobre o projeto da comunidade. Sentaram lado a lado e papai ofereceu orgulhoso um copo de vinho puríssimo, que ele mesmo fabricava. Meu irmão e eu permanecíamos em silêncio, como dois réus ainda a cumprir a pena.

Mamãe voltou-se para o padre e disse com voz chateada:

– Padre, dê uma bênção para essas crianças. Estão brigando muito nesses últimos tempos.

– Deixa... Deixa brigarem enquanto são pequenos. Deixa brigarem entre irmãos – disse estreitando o olhar para aprofundar o sentido da fala – assim aprendem a superar os conflitos, aprendem a se perdoar também. É entre irmãos que se aprende o perdão. Fiquem por perto, mas deixem-nos aprender com os conflitos. Vocês sabem: leva-se tempo para ser gente.

* * *

Após o jantar, ninguém fez comentários. Sem pressa, os pais continuaram a conversa com o padre. Meu irmão e eu fomos para o quarto. Nos olhos de Marco não havia mágoa. Contemplamos o céu estrelado, com seu lindo Cruzeiro do Sul. Apostamos quem era capaz de contar mais estrelas; descobrir em qual delas se escondia o anjo de cada um e se haveria uma estrela maior para Deus.

Marco adormeceu tranquilo e eu permaneci inquieta, tentando entender por que no inferno de Dante não havia estrelas.

10. Preparados para a luz de Deus

INÍCIO DE PRIMAVERA. O dia entardeceu, pondo fim a um tempo de vigília. Meu pai chegou mais cedo, apreensivo como quem chega para o final do jogo. Entrou em casa, olhou para mamãe. Os olhares cruzaram-se interrogativos e foram para o quarto. Depois meu pai veio decidido:
 – Crianças, vamos agora à casa da nonna, que tia Paola fez pé-de-moleque para vocês – e tentando disfarçar a pressa, ia pegando nos braços dos pequenos, fingindo sermos nós que merecíamos atenção.
 – Vamos, filhos, vamos! – nossos olhos resistiam em deixar mamãe e voltavam-se para trás curiosos, enquanto papai nos conduzia, meio arrastados, pelo caminho dos fundos, em meio aos pomares. Do outro lado, pela calçada, a nonna caminhava cabisbaixa, olhos centrados, pés engolindo os passos para alcançar o coração que lhe fugia à frente. Papai nos entregou às tias:
 – Segure-os aqui até eu voltar. Venho buscá-los – disse para tia Paola. E os dois consentiram com um olhar fora de compasso.
 O pé-de-moleque estava apenas se misturando na barriga da panela; demoraria ainda para ficar pronto. Então titia fez mate doce com leite, passando a cuia sem pressa, com orientações detalhadas, para espichar o tempo e fazer a conversa nos enredar de tal forma que, ocupados, não fizéssemos perguntas desconfiadas

sobre o que estaria acontecendo lá em casa. Brincava com o pé-de-moleque, erguendo-o na colher, contando os amendoins como se contam os ossinhos das articulações nos dedos:

> Cabecinha sem-vergonha,
> não me deixe seu chulé.
> Grude logo nesse açúcar,
> que o moleque quer seu pé.

Inventava versos com a maior facilidade.

> Pé-de-moleque não me amole.
> Tenho alguém para alegrar.
> Senhorzinho, não demore
> que as crianças vão chorar.

Eu a escutava com inveja. Queria para mim aquele talento. Titia estimulava nossas tentativas, completando, remendando, até nos cansar, e ríamos, ríamos soltos... No esforço de competir com os versos dela, esquecemos o que podia estar acontecendo com mamãe.

* * *

Tia Paola pôs o doce para esfriar e propôs jogarmos dominó com Júlia e Cecília, minhas irmãs maiores. Deitou Marco na cadeira do nonno e eu fiquei sobrando. Por sorte, tia Nita foi rápida. Sugeriu ir comigo à sala da escrivaninha. O interesse pelo livro já não era de barganhas, mas de estreita relação com o que ele suscitava em nós.

* * *

— Vamos aproveitar e ler o livro?! — disse-me com olhar interrogativo e polegar nos lábios, indicando segredo.

(Purgatório I, 19-21)

— Oba! Oba, vamos ver tudo de novo, titia?! — disse, ainda digerindo o encantamento, aquele encantamento de querer ouvir mais uma vez e outra ainda, tantas quantas vezes fosse possível, a mesma história.

— Não, não. O que vimos foi sobre o inferno. Este é outro livro. Agora vamos ver sobre o purgatório — disse, sem delongas.

— Purgatório! O que é purgatório?

— Ah — estalando os lábios — também não sei ainda. Vamos ler para saber.

Abriu o livro na primeira imagem e leu o rodapé:

A bela estrela, que amar exorta,
todo o riso incentiva o Oriente,
velando os peixes que a seu tempo porta.

Enquanto isso, meus olhos contornavam o desenho em preto e branco: Virgílio e Dante contemplavam um céu estrelado, sobre um mar calmo e uma floresta de árvores frondosas.

Dante saiu do mar cruel que foi o inferno e alcançou uma pequena ilha, na qual viu surgir, ao ar livre, a praia do purgatório. Encantado com a noite estrelada, exclamou:

Ora o segundo reino vou cantar
onde a alma humana purga-se e auspicia.

Mas nessa noite, Anita, de paciência agitada, folheava as páginas rapidamente, como quem quer afastar formigas. Eu não. Eu estava calma e queria o universo todo que o novo livro me abria:

— Pare um pouco, tia! Quero ver a imagem.

Que nada! Titia permaneceu surda ao meu pedido. Dava uma pausa, aqui e ali, em algumas figuras, o que para mim era como vê-las em soluços: almas contemplando anjos no infinito, um casal

(Purgatório XII, 1-3)

sentado num pedregulho fitando o mar à noite, uma águia soltando um homem sobre um penhasco, anjos com espadas, vultos caminhando de olhos baixos, pensativos. E, de repente, uma pausa maior deixou-me ver novamente homens carregando pesadas pedras...

Então, alguém chamou Anita. Mas ela ainda leu o verso ao pé da página:

> Se eu tivesse, leitor, para escrever mais margem, contaria, bem que só em parte, essa água que jamais sacia beber.

– Vamos que já devem estar comendo o pé-de-moleque – fomos aos pulos, enquanto eu salvava aquelas imagens no labirinto de minha memória.

* * *

Tarde da noite, Marco dormia profundamente e minhas irmãs continuavam no dominó com tia Paola, quando papai abriu a porta. Descontraído, olhar desanuviado, sorriso mais confiante, falou com voz de pai feliz:

– Temos surpresa. Deus nos deu mais um bebê. Nasceu uma menina.

Em nossa casa, o nascimento de uma criança era uma festa, um verdadeiro Natal.

Meu pai abaixou-se e nos acolheu:

– Vamos para casa, que as tias precisam descansar – tomou Marco no colo, enquanto nós o importunávamos com perguntas.

– Ela é bonita? É pequena? Ela chora? Posso pegá-la no colo? Onde a nonninha a encontrou?

A nonninha era a nossa bisavó. Mais tarde fiquei sabendo que foi a parteira de toda aquela vila. Um povoado onde não se conheciam cegonhas, mas que tinha uma tradição de contar para as crianças que os bebês eram deixados por Deus em determinados lugares. A nonninha os enrolava em seu grande avental e os levava para a família. Eu acreditei piamente nessa lenda até saber por minha querida tia como nascem os bebês.

* * *

Naquela noite, encontramos mamãe deitada, um lenço na cabeça e o bebê sobre o lado esquerdo do peito. A bisa ainda estava por perto, e a nonna fez sinal para não fazermos nenhum barulho ou perguntas. Deixar tudo para o dia seguinte.
Então, umas vagas recordações espantaram meu sono.

* * *

– É, sim, você nasceu feia porque foi encontrada nas cinzas de um pinheiro – diziam minhas irmãs, quando por qualquer motivo queriam caçoar de mim.
– É verdade, mãe? – eu perguntava em prantos, enquanto ela me afagava com sorriso indulgente. – Você não nasceu feia, filha. Você nasceu pequena, miúda, miúda... Tínhamos medo que você não sobrevivesse, por isso decidimos te batizar logo, em casa mesmo. Mas não liga para o que dizem! Sabe, lá na Itália, onde nasceram seus avós, se diz: "Bruti in fazza, bei in piazza". Bem assim! "Feios nas fraldas, bonitos na praça."
– É verdade que a nonninha me encontrou nas cinzas de um pinheiro?
– Ah..., você nasceu com uma cor acinzentada porque a bisa demorou para te encontrar.
– Mãe, e a nonninha sabia que eu era sua filha?
– Claro que sabia. Ela é uma pessoa muito boa, enrola os nenês naquele grande avental e os leva para os pais.

– Mãe, mas como ela sabia que eu era sua filha?
– Porque Deus lhe deu essa missão e, quando ela está com o bebê no avental, ela vê o nome dos pais escrito na testa dele.
– E se a nonninha enxergar o nome dos pais errado?
– Não, pequena. Ela não enxerga errado. Os nomes dos pais ficam escritos na testa dos bebês.
– Mãe, você também viu o seu nome na minha testa?
– Sim. Claro que vi.

Então adormeci e, em meio a um sonho, vi minha irmãzinha debaixo do pé de butiá, onde brincávamos com nossas bonecas. "Ah, foi aqui que a bisa a encontrou." E, ao longe, ainda em sonho, ressoou o coaxar dos sapos no banhado, fantasia nossa de crianças de que seria o choro de um nenê chegando. Eu via minha irmãzinha ora debaixo do pé de butiá, ora na margem do lago. E lutava para descobrir o certo, porque era muito significativo para as crianças o lugar onde tinham sido encontradas.

* * *

Pela manhã, papai nos reuniu novamente no quarto e mamãe permitiu que, com todo cuidado, cada um beijasse aquele rostinho de boneca todo enfaixado em lã.

– Temos que decidir o nome. Preciso ir à cidade registrá-la – disse meu pai.

Era costume na família deixar as crianças escolherem o nome. Fazia tempo que mamãe indagava sobre qual nome daríamos, quando chegasse o novo bebê: Mateus, Rosa, Paulo, Amália, Chiara. Conforme uma tradição familiar, papai deixou o irmão caçula decidir.

– Chiara – disse Marco. Meus pais consentiram.

A nonna, sempre por perto, nos recomendou que deixássemos mamãe cuidar de Chiara sem perturbação.

* * *

Num momento em que minha avó se descuidou, eu, sempre próxima de minha mãe, fui ao quarto e me deitei a seu lado.

– Mãe, onde a Chiara foi encontrada?

– Não sei... Já era tarde quando a trouxeram para mim. Nem me lembrei de perguntar.

– Ela já foi batizada?

– Não. Vamos batizá-la domingo.

– E se ela morrer, ela vai para o purgatório?

– Não. Claro que não. Ela é um anjinho.

– Como é o purgatório, mãe?

– É um lugar de purificação – disse minha mãe. E me explicou algo que nunca mais esqueci. – Olhe para Chiara... Os olhinhos fechados não estão prontos para a claridade, a boca só pode mamar, devagar, o ouvido não pode ouvir barulhos. Ela é toda frágil, precisa ainda se preparar para esta vida. É mais ou menos assim. Purgatório é esse tempo de purificação que nos prepara para ver Deus, uma luz forte e muito bonita. Nossos olhos nunca viram essa luz tão bonita. Eles precisam abandonar todos os pecados, mesmo os pequenos, para conseguir ver essa grande luz. Porque lá é outra luz, outra fala. Então, assim como nós vamos ajudar Chiara a conviver conosco, os anjos e os santos levam nossas orações para Deus e nos ajudam a ficar prontos para viver bem pertinho dele, no calor de sua luz.

E ficamos as três ali, dissolvendo essa carícia, envoltas em doçura.

11. A inexplicável luz divina

A PRESENÇA DA PEQUENA CHIARA parecia ter acalmado nosso mundo e, ao mesmo tempo, estar cutucando tudo para desabrochar novamente. Era o começo de uma nova vida. Uma ponte entre o ontem e o hoje. Uma melodia esperançosa.

Eu procurei tia Nita muito cedo:

– Tia, eu sei o que é o purgatório. A mãe me contou.

– É, quando?

– Ontem, quando fui beijar Chiara. Ela contou que o purgatório é um tempo que as almas precisam ter para se limpar de todos os pecados. Para ver Deus, a gente tem que ter os olhos limpos, porque Deus é uma luz muito forte. Nossos olhos não aguentam, assim como Chiara precisa de um tempo para ver a luz do sol. Acho que o livro de Dante vai contar como é o purgatório. Você não acha, tia?

– Pode ser, mas agora estou me preparando para a escola. Só à tarde.

– Você não vai demorar muito... muito, né?

– Hoje à tarde, Bia. Ponto. Estou indo – e, juntando os cadernos, saiu às pressas.

* * *

Mas, como o tempo de espera é sempre longo, pensei: "Se eu fosse...", e sem pestanejar, fui de mansinho, na ponta dos pés, até a sala do nonno na esperança de alcançar aquele livro, mas ele estava no alto. Parei... Num piscar de olhos, alcancei um volume menor: na capa, uma menina com um gato parecia falar com ele. Espiei apressadamente entre as páginas e, além da linda menina, vi um coelho vestido de homem olhando as horas num relógio; depois, a menina numa lagoa nadando atrás de um camundongo; e, surpresa, vi que ela falava com um pato de bengala. Atraída pelas imagens do novo livro, segui com encanto, sem medo, até o instante em que ouvi um barulho. Alguém estava na casa. Pelo assoalho, escutei passos... apressei-me... escondi o livro nas dobras do vestido. Esperei uns minutos e saí na ponta dos pés, da mesma forma como entrei.

* * *

– Bia, que livro é esse? – surpreendeu-me a voz de tia Paola.
– Livro? Que livro, tia?
– Esse que você tem na mão, na dobra do vestido. Você sabe ler?
– Não... mas sei ler as figuras.
– Deixe-me ver – e tomou o livro das minhas mãos. – Bia, só quando você souber ler... Agora ainda não. Vamos guardar o livro no lugar.

* * *

Aquela vontade de saber ler me fazia lacrimejar. Como entrar na escola? E se eu fosse ajudar a professora? Podia carregar os livros, limpar a sala e, escondida em algum canto, escutar como se aprende a ler. Escutar com o coração, era o que ensinava minha mãe. Nem tão fácil nem tão difícil, um plano possível, já que se tratava de ajudar. E, movida por essa urgência, fui para casa arquitetando...

* * *

Alguns agricultores regressavam das primeiras colheitas da manhã. Um sol perfeito, redondo e amarelo marcava o meio-dia. Logo tia Nita estaria de volta. Fui ao quarto beijar Chiara, que ainda tinha os olhinhos semiabertos, com remela nos cantos. Encontrei mamãe com uma vizinha, cuidando da higiene do bebê. Cochichavam entre elas, enquanto faziam "psiu!", para eu entrar sem interrompê-las.

A luz do sol bordava lindas paisagens e fiquei imaginando quando Chiara poderia sentir o calor daquela luz. No silêncio, recordei as falas de minha mãe e as imagens do purgatório: "É preciso esperar o tempo certo".

* * *

Após o almoço, tia Nita veio com *A Divina Comédia* na mochila da escola. Também quis beijar Chiara, depois fomos para o sótão.

– Bia, quando você aprender a ler, vai ver outros livros bonitos – disse minha tia.

– Por que você diz isso?

– Por nada. Pra dizer que no mundo existem muitos outros livros...

Será que tia Paola contou que tentei pegar um livro? Bem, se contou, pediu segredo. Melhor assim. Fui logo ao nosso pacto.

– Vamos ver o purgatório no livro?

Abrindo o volume, Anita foi direto às letras; ensaiou com os dedos o limite de um espaço e leu:

Meu Mestre e eu, e toda aquela gente
Demonstravam estar tão satisfeitos
Como se nada mais lhes fosse à mente...

* * *

Titia fez uma pausa, depois me falou que Dante havia se encontrado com um velho amigo. A ilustração mostrava Virgílio e Dante contemplando uma multidão de almas em longas vestes, nem anjos, nem condenados, apenas seres com olhar de esperança.

> Que é isto, ó espíritos descuidados?
> Que negligência, que preguiça é esta?
> Correi, subi a montanha,
> a libertar-vos das impurezas
> que não vos permitem contemplar a Deus.

Era um sábio mestre quem lhes dava essa advertência, surpreso de ver aquela multidão de almas indecisas quanto ao seu destino.

Mais páginas. Mais figuras. A imagem de um anjo elevado à frente da multidão parecia exclamar com gestos de reverência:

> Dobra os joelhos! Junta as mãos: eis de Deus um mensageiro!
> Tocou a praia, veloz e leve, qual barca que sequer tocasse a água!
> Dentro da barca vinham mais de cem espíritos cantando em coro...
> e o anjo como veio tornou, velozmente.

– Diz aqui que o anjo, com as asas elevadas para o céu, um pouco acima da terra, carrega até a praia do purgatório as almas daqueles que precisam se purificar. São pessoas soberbas, invejosas, preguiçosas, avarentas, gulosas. Mas essas não estão condenadas, possuem virtudes, cantam louvores a Deus, oram e há esperança em seus olhos...

Então, interrompi titia, com um gesto de concordância:

– Bem como minha mãe explicou. Ela deve ter lido este livro – e, perdida em meus pensamentos: – Ah, por isso mamãe sabe de tudo, deve ter lido muitos livros do nonno.

(Purgatório II, 28-30)

— Olha, olha esta imagem — e Anita chamou minha atenção para a figura de Dante e Virgílio em frente a uma infinidade de vultos, em longas vestes, caminhando ao longe, no alto de um penhasco. Os dois poetas parecem dialogar com os caminhantes.

Ó alma que sobes para a alegria celeste
revestida do corpo humano,
diminui um pouco os passos.
Observa-nos e vê se reconheces alguém dentre nós,
para levar ao mundo notícias dele!

— Foi bem assim que minha mãe explicou! — reforcei.
— O livro diz que esses são os que se arrependem somente na hora da morte.
— Tia, mas a minha mãe não vai morrer, nem vai para o purgatório. Ela não tem pecados, é boa e amiga de todos — disse com um nó na garganta.
— Ah, todos temos pecados, Bia, e todos vamos morrer.
— Minha mãe, não, tia Nita! Ela não vai morrer — repeti com lágrimas nos olhos.
Ela prosseguiu lendo:

Perguntei ao guia se as preces
podem demover as disposições celestes.
Respondeu-me: o mais Alto Juiz
em nada se altera se o ardor da caridade,
por via das preces, redime o padecente.

E então fechou o livro.
Mas, mesmo de livro fechado, as expressões: suportar, limpar o olhar, aceitar a espera, morrer, remexiam na possibilidade de um dia minha mãe morrer. Enquanto descíamos do sótão, essas

(Purgatório III, 58-60)

palavras saíam das páginas, caminhavam até entrar pelo ouvido e, hospedadas em mim, faziam-me temer por aqueles que eu amava.

* * *

Depois do jantar, meu pai reuniu a família. Descreveu o batizado de Chiara. Quem seriam os padrinhos, onde seria a festa, como deveríamos nos comportar. Era como se descrevesse a organização de uma engrenagem: começo, meio, fim.

– Agora, vamos todos deitar que está na hora.

Fez conosco o sinal da cruz e nos acompanhou até o quarto. Papai não costumava nos dar o carinho protetor de mamãe, pelo menos não demonstrava, ou talvez não soubesse demonstrar. Poucas palavras e nos deixou a sós em nosso quarto. Marco em sua caminha ao lado, e nós, as meninas, todas em uma cama de casal. Naquela noite eu queria muito que mamãe estivesse ao meu lado, me fizesse dormir falando dos anjos, me defendesse da escuridão, esclarecesse mais dúvidas que haviam ficado gravadas e doíam. Então, pedi para Júlia contar uma história.

– Tá bom! Vou contar a história de Pinóquio. Era uma vez um homem chamado Gepeto que fazia lindos bonecos de madeira. Vivia sozinho e seu sonho era ter um filho com quem partilhar todo o seu amor. Um dia, Gepeto fez um pequeno boneco de madeira. Quando terminou, Gepeto disse: "Como seria bom se este bonequinho virasse gente e pudesse viver comigo como um filho". E, de repente, aconteceu! O boneco começou a se mexer, vestir-se, falar, e Gepeto, cheio de alegria, mandou Pinóquio à escola para aprender a ler...

E Júlia adormeceu, deixando-me sozinha com a história já contada tantas vezes pelos nonnos.

12. A força do amor

UMA CHUVA TORRENCIAL lavava as colinas e enchia córregos, calçadas e até as casinhas dos bichos. O riacho ao lado de nossa casa transbordava furioso, em violentos redemoinhos. No embate daquelas águas, via meus patinhos sendo engolidos. "Ai, meu Deus..." Os filhotes apareciam e desapareciam, davam cambalhotas, batiam contra troncos, lutavam desesperadamente e a mamãe pata agarrava um, soltava outro, sem sucesso. Eu assistia a tudo do alto. Sobrevoava o rio com minhas asas de anjo, mas o ímpeto da correnteza impedia-me de prestar ajuda. Chorava, chorava muito, mas minhas lágrimas só aumentavam as águas. E lá se iam meus patinhos...

* * *

O choro de Chiara pôs fim ao meu pesadelo. Despertei e vi a família ao lado de mamãe tentando acalmá-la.

– Por que ela chora assim, mãe? – perguntei ainda confusa, entre meu choro e o da pequena.

– Ela deve estar com cólica, gases na barriguinha. Ainda não se acostumou com o meu leite – disse acalentando-a ao peito.

Cecília, que já ajudava mamãe, alcançava-lhe um biquinho de pano branco em forma de chupeta. Minha mãe embebia o bico num chá de manjerona e dava para Chiara em pequenas doses.

Depois, ao som de uma melodia de ninar, acariciava o corpo miúdo e frágil. Quando Chiara se acalmou, o sol já estava alto. Meu pai foi ver com mamãe se podia ir para o trabalho; no pátio da escola as crianças faziam algazarra e os sons da natureza anunciavam a rotina de mais uma jornada. Fiquei perto de minha mãe, caso ela precisasse de ajuda.

* * *

— Faz um favor, Bia. Pergunte para tia Paola se ela pode me ajudar a fazer o pão. Pode ser à tarde; ainda temos para hoje.

Atravessei o pomar e alcancei titia colhendo tomates na horta.

— Claro que sim. Diz para sua mãe que vou logo após o almoço.

Ao voltar, me encontrei com meu irmão, que chegava de bicicleta.

— Marco, vamos brincar no balanço?

Ele mostrou a língua para mim, deu meia-volta e, fazendo caretas, desapareceu sobre as duas rodas. Meu irmão dificilmente brincava comigo. Tinha seu clube de meninos e fazia questão de estar com eles. Minhas amigas estavam todas na escola e eu, sem companhia pela manhã.

No jardim, parei para contemplar o balé de um beija-flor sobre uma enorme camélia aberta e me distraí ao ver o passarinho. Ele inventava piruetas numa velocidade incrível. Bicava o centro da flor, dançava ao seu redor até alcançar-lhe o coração e sugar-lhe o néctar. Um tênue fio gosmento brilhava contra o sol, e ele se alimentava conectado àquela doçura. Ali fiquei o resto da manhã, acumulando saberes sob a maestria da natureza.

* * *

(Purgatório XXIX, 121-122)

Após o almoço, Paola ajudava minha mãe quando Anita chegou com o livro. Já que as atenções estavam concentradas em mamãe e Chiara, aproveitamos para ir logo ao sótão para a leitura que, além dos segredos que nos uniam, havia se tornado quase uma tarefa: ver as figuras, tentar entender, ler alguma frase:

> ... a imagem tinha um semblante tão suave
> que não parecia ser muda, teríamos jurado
> que aquele anjo dizia: AVE!

— Parece um anjo — apontei para a figura de uma virgem coroada de estrelas.
— Acho que já estão bem perto do céu.
— Sim. Há anjos cantando suavemente a Ave-Maria — e demoramos uns instantes em silêncio...

* * *

Um olhar rápido e o contentamento de folhear o livro. Alguns comentários, pequenos silêncios, mas a atenção era dirigida às figuras: vultos encostados numa imensa muralha, à borda de um penhasco, um grupo apedrejando um pobre homem que pedia a morte.

— Parece que esse pecou por inveja — comentou tia Nita, que, volta e meia, engolia só com os olhos algumas frases.

Virando a página, vimos uma fila de corpos deitados no chão. Dante, ao lado de Virgílio, parecia inclinar-se para reconhecê-los. Em outra figura, corpos desgrenhados batiam no peito com olhar de clemência. Percorremos mais, até chegar a uma figura na qual apareceu uma mulher junto aos dois poetas e, em seguida, três mulheres dançavam em ciranda. Por último, um coro de anjos elevando ao céu uma linda jovem. Era mesmo uma figura angelical.

(Purgatório XV, 106-108)

Cruzei os braços para escutar o que tia Nita achava ter entendido.

– Beatriz fala com Dante. Ele está assustado. Beatriz o tranquiliza: "Não tema, você está indo ao paraíso, onde o mal não existe". Admirado, Dante olha para Beatriz. Ela sorri inspirando-lhe coragem e fé. Nos olhos de sua amada Dante vê refletir-se um esplendor que ele não pode suportar. Parece que Dante chora pelo amor de Beatriz – tentou me explicar titia.

De antigo amor senti a força imensa;
quando me atingiu o alto poder
que, quando ainda criança,
definitivamente me feriu.

– Posso perguntar uma coisa, tia?
– Pode.
– Dante era namorado de Beatriz?
– Namorado não sei, mas se gostavam.
– Como você e Jorge?
– Não! – disse enfática. – Eu e Jorge somos apenas amigos de escola – abaixou o olhar, como quem quisesse proteger seu segredo. – Não vamos mais falar disso, tá?!

Voltei o olhar para Beatriz e perguntei:
– O que será que ela quer, tia?
– Está querendo ajudar Dante a não ter medo de ultrapassar o purgatório para chegar à porta do paraíso. É, isso mesmo. E, com a ajuda de Beatriz, ele conseguirá chegar lá.

Naquele instante, fomos surpreendidas por barulhos que vinham do lado mais escuro do sótão. Eram discretos, sutis.

– Espera, espera aí. Fica quieta. Quietinha... não se mexa – e titia encolheu-se: –Tem gente aqui em cima. Psiu! Estou ouvin-

(Paraíso III, 16)

do... – espiou por uma frestinha... – Psst! Você não vai acreditar quem é que está se arrastando lá no canto, no meio das traves.
– Quem, quem? Um rato? Ai que medo! – exclamei encolhendo-me.
– Ainda não tenho certeza. Espera um pouco. Ele vai fazer alguma coisa. Espera, espera...
– Ai, eu tenho medo!
Tia Nita arranhava devagar, mas com força, as tábuas da parede e, com voz rouca, muito grave:
– É o diabinho. É o diabinho.
– Ai! Vamos fazer o sinal da cruz.
– Fica quieta, bobinha – e repetiu: – É o diabinho! É o diabinho! – arranhando com mais força a madeira.
Plomp, plomp... Plomp... – parecia alguém descendo a escada aos pulos.
– Vamos embora. Estou com muito medo.
– Hahaha! Sabe quem era?!
– Não, quem?
– Marco – disse rindo de se rachar. – Ele estava pegando as bananas que seu pai guardou para amadurecer.
– Bem-feito! Vou contar para a mamãe. Não quis brincar comigo, vai me pagar.
– Não! Não conte pra ninguém! Senão vão perguntar o que estávamos fazendo aqui.

* * *

Naquela época, banana era uma fruta rara em nossa região. Nós as apreciávamos mais que chocolate. Tínhamos essa delícia somente quando papai as trazia de alguma viagem. Ele chegava com aquele cacho enorme, ainda verde. Guardava-o no escuro do

(Purgatório XXIII, 52-54)

sótão com a recomendação de não se mexer nele. Por isso, pegar às escondidas era considerado uma afronta à autoridade de papai.

* * *

Antes de deitar, Marco e eu fomos acariciar Chiara. Não o poupei; resolvi castigar meu irmão:
– Mãe, quem rouba bananas lá no sótão vai para o purgatório?
– Eu não roubei! Eu não roubei! – explodiu Marco querendo chorar.
– Por que você disse isso, Bia? – perguntou mamãe com firmeza.
– Por nada.
– Eu não roubei. Não roubei, mãe.
Então, percebi o erro e abaixei o rosto sentindo vergonha.
– Venham aqui perto os dois.
– Bia, peça desculpas para seu irmão.
– Mas eu não fiz nada. Foi ele que me mostrou a língua e não quis brincar comigo.
– Você sabe que fez. Sabe, sim. Peça perdão.
– Ah, mãe...
– Peça desculpas!
– Desculpa, Marco.
Silêncio...
– Vai desculpar? – perguntou minha mãe, olhando para meu irmão que ainda puxava os soluços.
Ele me olhou com mágoa.
– Tá, eu perdoo – e enxugou as lágrimas com o dorso da mão.
Então, os braços de mamãe ficaram grandes, ultrapassaram a cama e nos trouxeram bem próximos. Então, ela nos deu um beijo demorado:

– Agora vão. Vão deitar. Não se esqueçam de rezar para o anjo da guarda. Nunca se deve ir dormir sem dar o perdão.

Mamãe tentava nos ensinar que o amor é como o pão: tem que ser renovado todos os dias.

* * *

Ao fechar a janela do quarto, chamei Marco para ver o céu estrelado.

– Vamos ver quem descobre primeiro uma estrela voando no espaço? – propus querendo voltar à amizade.

Mas, como elas demoravam a se mexer, logo pensei em outra aposta:

– Que tal escolher uma estrela? Eu escolho uma pra você e você escolhe uma pra mim. – Apontando o dedo para o Cruzeiro do Sul, ofereci sorrindo: – Marco, esta que parece um balão é sua. É uma estrela feliz, olha como ela pisca e dança...

Depois de um silêncio reticente, meu irmão disse:

– Eu te dou essa grande, perto do morro. É uma estrela gigante, e olha como ela se esconde, depois volta; acho que amanhã ela vira um sol.

13. Deus é fabuloso!

ENFIM, CHEGOU O DOMINGO. A alegria abriu a porta com a chegada dos padrinhos de Chiara. Acordei com pequenos risos cobrindo palavras, à meia voz. Eram os tios mimando a afilhada. Os passos suaves no chão de madeira, a bisbilhotice meio em surdina e os preparativos confirmavam que aquele era um dia de festa. Não lá em casa. Não... Na casa dos nonnos. Lá já havia uma mesa enorme, toalha branca, as tias entretidas no fogão e nos arranjos. Era um corre-corre em meio aos cumprimentos de tios e primos, que chegavam para o batizado. Até tio Otávio, o irmão caçula de mamãe, que cursava Direito em Porto Alegre, veio especialmente para a festa de família.

* * *

A cerimônia de batizado aconteceu após a missa. A tia-madrinha vestiu Chiara toda de branco; um branco com bordados bem distribuídos. A pequena dormia tranquila, inconsciente, brindando a família com frequentes espasmos em forma de sorrisos. Minha mãe conservava o lenço na cabeça e meias de inverno, enquanto meu pai usava seu melhor paletó. Quando o padre, jogando água na testa, fez o sinal da cruz e pronunciou a fórmula: "Chiara, eu te batizo em nome do Pai, do Filho e do Espírito Santo", um choro despertou de dentro daquele coraçãozinho, delegando aos adultos a confirmação da fé cristã. Nós, os irmãos, estávamos ao redor, numa alegria que logo invadiu o ambiente e se distribuiu entre os abraços dos familiares.

* * *

Depois, a família se reuniu na sala grande dos nonnos. Tio Augusto, excelente sanfoneiro e animador de serestas, acompanhava o padre com cantos da saudosa Itália, enquanto as tias se apressavam para pôr a mesa. Num determinado momento, o padre ergueu Chiara em ofertório e proclamou:
– Menina, seja abençoada, cresça uma mulher guerreira e dance até alcançar as estrelas. Seu futuro será de glória, se você seguir a grande Luz que hoje a assinalou com seu brilho e a consagrou entre seu povo.

* * *

Houve uma salva de palmas e a pequena passou de braço em braço para ser confirmada na bênção familiar. Depois a conversa seguiu entre os adultos. Os primos, meus irmãos e eu, sentamos numa mesa ao lado, sob os cuidados de tia Paola. Fomos rápidos em consumir as guloseimas, pois nosso interesse estava nas brincadeiras. Enquanto corríamos animados, aparecendo de tempos em tempos na sala para apanhar algum doce, os adultos costuravam uma conversa mais séria, com predomínio da voz masculina.

* * *

Fiquei por perto disfarçando, como se tivesse interesse pelos pratos. O nonno e tio Otávio alteravam a voz. Percorri a sala com um olhar ligeiro e ouvido atento. Vi testas franzidas, olhares ambíguos, sorrisos guardados, ouvidos um tanto indignados. Então, ouvi tio Otávio dizer:

— Deus, céu, inferno, não existem. Vocês acreditam em coisas que nunca viram; são fantasias da mente humana. Ser honesto, humano, é suficiente. Minha religião é viver a vida com alegria, plenitude e respeito, sem prejudicar os outros, claro.

A reação dos presentes confundia-se entre espanto e protesto. Eu saí correndo pela cozinha e vi minha mãe, com sobrancelhas contraídas, dizer para tia Paola:

— Não, não pode ser que ele seja ateu — o coração de mamãe resistia em pactuar com essa realidade, e ela continuou com arrastada tristeza: — Ele é bom, honesto, como pode não acreditar, dizer que não crê em Deus, que Deus não existe?! Não, não, ele não pode ter perdido a fé.

Minha mãe não se conformava e, aos poucos, aquela dúvida angustiante tirou seu sorriso do rosto e o brilho do seu olhar.

* * *

No entardecer daquele domingo, o mundo virou do avesso. A luz, que de manhã movimentava a vila, agora estava opaca, o chão molhado por um denso chuvisco, a tagarelice dos familiares já longe, com suas charretes e sacolas. Toda aquela reviravolta nos remeteu ao mesmo ponto de quando despertamos pela manhã: nossas camas, onde é fácil frigir angústias. Um por um buscou refúgio em seu próprio casulo. E fui dormir sem o beijo de minha mãe, que também se recolheu, em silêncio, com Chiara.

* * *

Após o batizado, comecei a cercar mamãe, porque queria saber se ateu era o mesmo que comunista, mas, percebendo que ela estava angustiada, esperei o momento oportuno. Dias depois, quando ela e a nonna costuravam um cobertor de penas, ousei perguntar:

– Mãe, o que é ateu?

Silêncio...

– Mãe, ateu é o mesmo que comunista? – e pela primeira vez minhas perguntas ficaram sem resposta, porque ela estreitou o olhar e, como se num alinhamento de memórias algo tivesse raspado em sua ferida, disse:

– Você não vê que está me atrapalhando? Vai! Vai com seus irmãos.

* * *

Titio Otávio começou a visitar a família com menos frequência, apenas para um bate-volta. Às vezes trazia a esposa, os filhos, alegrando-nos com seu sorriso franco e sorridentes olhos azuis. Eu nunca mais ouvi a família tocar naquele assunto. Levavam a ele casos de justiça, consultavam-no com respeito e admiração e eram sempre atendidos de forma generosa e imparcial.

Depois daquele domingo cheio de emoções, outras urgências pairavam no ar, deixando o ambiente em desconforto. Era preciso cuidar para não romper com o que de mais precioso tínhamos, o vínculo da união familiar. Era dele que extraíamos a coragem e com ele tecíamos nossos sonhos.

* * *

Apesar do esforço, um fio secreto mantinha viva a dor no coração de mamãe. Todas as noites, quando ela vinha à beira da cama fazer as preces conosco, na ladainha de intenções, que começava pela conversão da Rússia e ia até as almas do purgatório, estava sempre presente a súplica por tio Otávio. Os olhos umedecidos, as palavras de clemência, o coração e a alma vigilantes demoravam na oração por seu irmão caçula. Às vezes, conferia as contas do rosário para disfarçar as lágrimas. Chorava sem voz, chorava para si mesma. Eu, que escutava seu coração, sabia que mamãe estava procurando entender se haveria outras formas de acreditar em Deus, ou se seria apenas aquela que ela aprendera. E quase sem querer pensei em perguntar-lhe se titio iria para o purgatório ou para o inferno. Mas só pensei, não perguntei. Deixei a pergunta sob sete chaves, num arquivo da memória.

Até que um dia viria a resposta. Quando, aos 90 anos, ouvi minha mãe dizer – com o olhar perdido no infinito, o rosto de criança, o coração feito concha ao sabor das ondas –, não para mim, nem para ela mesma, mas para quem quisesse ouvir:

– Deus é fabuloso! – explodiu como explodem os frutos quando maduros, ou como explodem as flores para dispersar as sementes... – Deus é fabuloso!

– Como, mãe?!

– Deus é uma explosão de luz e vida. É um amanhecer encantador. Ah, é a melhor coisa que nos pode acontecer. Não tenho mais nenhum medo. Eu vi. O caminho é de luz.

Então, compreendi um pouquinho o quanto Deus gosta de nos surpreender. Agraciou mamãe com a resposta que ela acalentava: Deus não cabe em nossas fórmulas humanas; Deus ultrapassa nossos conceitos sobre ele; é muito mais que uma ideia; ele é indescritível, é uma encantadora surpresa. Sim! Deus é fabuloso...

Na compreensão de minha mãe, porém, fabuloso não queria dizer legendário, fruto da imaginação. Ela nem alcançava esse significado. Tinha doçura e quietude em seu olhar e tinha o brilho de quem vê, pela primeira vez, aquele espetáculo. Fabuloso para mamãe significava fantástico, admirável, imensurável, grandioso, fascinante.

Eu, que a escutava com os ouvidos de quem crê, apaguei a dúvida de minha meninice. Os dois estavam certos, mamãe e titio.

Deus é tão imensurável que não podemos conceituá-lo, apenas deixá-lo explodir ao seu querer, no humano de nossa vida.

* * *

Capturada por esta lembrança, não me dei conta de que estava com o livro de *A Divina Comédia* aberto em minhas mãos, na imagem onde Beatriz conduz Dante a mergulhar nas águas para purificar-se.

– Olha-me, sou Beatriz – lhe falou com doce firmeza: – Dante, você dizia amar-me. Mas, depois de minha morte, você se perdeu entregando-se a uma vida de pecado.
Dante queria se expressar, mas estava tão perturbado que nada conseguiu dizer.
Beatriz, então, pede que uma dama o leve até um rio de águas puras para purificado lembrar-se somente do bem que fez.
Depois de ser mergulhado naquelas águas e de tê-las bebido, Dante sentiu-se renovado como uma jovem árvore que tivesse lançado novos brotos. Olhou para Beatriz:
– Puro sai das águas consagradas, agora me sinto disposto a subir até as estrelas.

(Purgatório XXX, 31-33)

14. Por quê, Maria Leonor?

COMO ERA FERIADO, houve consentimento tácito lá em casa e todos esticaram o descanso sob os cobertores. A primeira a sair da cama foi minha irmã Júlia. Ela tinha um propósito. Levantou, abriu a janela do quarto e começou os preparativos. Eu continuei deitada, um olho nela que, sentada à penteadeira, trançava seu longo cabelo, outro na janela que anunciava a chegada da primavera ao som das aves nos pomares.

Deixei a imaginação abrir asas, esperando algum pássaro pousar sobre um galho de pessegueiro que, na moldura da janela contra o azul do céu, formava um lindo cartão postal. Era uma ramagem seca com pequenos detalhes em verde, em torno de grossos botões envoltos em pele de pêssego.

Estava nessa fantasia, quando um gesto de papai veio a minha memória com o sabor de dádiva: ele gostava de surpreender mamãe com o primeiro fruto daquele pé de pessegueiro. Minha mãe partia a fruta ao meio, devolvia metade para o pai e a outra metade compartilhava com os filhos. Pequenas alegrias saboreadas sem pressa.

Minha mãe me apanhou nessa distração, quando entrou no quarto dizendo em tom alegre, mas firme:

– Acorde, Bia, levante que hoje vamos todos para o desfile na escola.

Espantou meu sono com uma sacudida no lençol e me pôs de pé sem direito a queixas. Embora meus 6 anos de idade não me permitissem frequentar a escola, o simples fato de estar no meio daquela algazarra já me fazia feliz.

O Grupo Escolar Humberto I era a única escola da vila. Tão preciosa para nós quanto um polo universitário. Naquele dia, as atenções se concentravam lá. As ruas enfeitadas, os alunos com roupas verde-amarelas, fita azul e uma boina branca. Júlia, minha irmã, iria declamar um poema; tia Nita compunha o grupo de coreógrafos; tio Júlio estava em seu cavalo, pronto para o desfile; o coral da igreja uniformizado sobre um palco. A pracinha da igreja tomada de cavalos e charretes, o burburinho do povo e a energia que agrupava todos numa ciranda de patriotismo, eram promessas de ser aquela a melhor comemoração de 7 de setembro.

* * *

Vestimos as melhores roupas e fomos, todos, em companhia dos pais. Um rojão deu início às festividades que abriram com o Hino Nacional, cantado pelo coral, alunos e povo, enquanto um jovem hasteava a bandeira. Respirava-se civismo, todos orgulhosos da pátria.

O eco das palavras "Pátria amada, Brasil" ecoou pelas colinas, e, na minha memória, a palavra pátria foi desenhando uma imagem. Eu via um livro aberto e as páginas, soltando-se, voavam em forma de pombas, anunciando um futuro de abundâncias.

Enquanto aquela imagem invadia minha imaginação, veio o desfile das meninas com uma coreografia de círculos em verde--amarelo. Os meninos, em passo de marcha, traziam estrelas, cada qual representando um Estado brasileiro. Júlia declamou o poema repetindo as palavras: "Recebe o afeto que se encerra em nosso

peito juvenil", e a diretora da escola fechou as festividades com um forte apelo patriótico:
— Se preciso, daremos a vida por nossa pátria amada.
A vila se alvoroçava na despedida. Cavalos trotavam teimosos; chapéus e sombrinhas cirandavam como asas contra o azul do céu; acenos e gargalhadas enchiam aquele pedacinho de chão, como se ele pudesse conter o mundo com toda a sua história e todo o seu futuro.
De repente, um som atraiu todos de volta à praça: blem... blem... blem...
O badalar do sino da igreja roubou a euforia. Era um som melancólico, espargindo tristeza. A notícia de que uma adolescente, aluna da escola, Maria Leonor, se suicidara reuniu o povo feito um redemoinho. Numa fração de tempo, o murmúrio da tragédia alvejou a vila. Os ânimos silenciaram. Nem perguntas nem rezas, apenas a dor estampada nos rostos.
Minha mãe apressou-se em nos proteger e, num instante, estávamos todos em casa. Seus braços, como asas, circunscreviam o espaço; seus olhos vistoriavam as fronteiras; seu ouvido recolhia ressonâncias; nenhum cochicho atravessaria sua defesa. O silêncio havia trancado todas as portas. Minha mãe guardava a esperança de que não soubéssemos o motivo da morte. Solidária à mamãe, coloquei minha dor no mesmo silêncio.
Em minha cabeça, uma pergunta dava voltas e mais voltas. Onde está a pátria amada, se o mundo, até pouco tão esperançoso, num piscar de olhos virou do avesso?
No entanto, o céu continuava azul, o sol reinava soberano, as flores já exibiam seu interior e a natureza permanecia intacta. Nessa mesma terra haveria ordem e progresso, independentemente de nossa dinâmica humana?

Havia outra pergunta intrigante a cutucar minha dor: por que Maria Leonor quis sair desta pátria? Será que ela não gostava de viver aqui?! Acho que foi medo...

"Por que você não saiu a correr pelos prados, Maria Leonor? Respirar liberdade, contemplar o azul do céu, caçar borboletas, colher pitangas, descobrir a toca do tatu, espiar os ninhos de passarinhos, estudar o bicho da seda, rolar na grama, gargalhar ao canto do quero-quero? Por que não rir... rir muito ao sentir cócegas nas pedras do riacho, beber o encanto das flores e, à noite, sondar como nascem as estrelas, descobrir em qual delas está escrito seu nome, namorar a lua e brincar com os anjos, sonhar, cansar de sonhar, até afastar o medo? Ah! Maria Leonor!"

Minha fantasia escapava surpreendida por uma nuvem no rosto dos adultos. Nela escondia-se a mesma pergunta que rasgava a alma de todos: por que será que a menina fez isso? Por que será?... Por quê?

* * *

Procurei tia Nita em pleno meio-dia, deixando o calor da natureza encobrir qualquer respingo de minhas indagações.

– Tia, vamos ver o livro do nonno?
– Agora?
– É. Agora.
– Ih, agora não dá. Estão todos em casa.
– Vamos ao sótão, na minha casa?

O sótão de nossa casa era um lugar privilegiado para crianças, tinha um quarto com uma velha cama de ferro com estrado de mola – nossa cama elástica –, na qual apostávamos quem pulava mais alto; havia também uma janela, saindo do teto em forma de capelinha, com vista panorâmica sobre a vila. Eu amava contemplar, lá do alto, o horizonte tangível nas silhuetas das colinas, excitando a curiosidade sobre o que poderia existir do outro lado.

Tia Nita colocou *A Divina Comédia* entre os livros da escola e fomos para o sótão. A vila estava de luto. Casas fechadas e ruas silenciosas. Eu fingi indiferença ao acontecido. Apenas sentei em frente à janela para que o céu nutrisse meu olhar de infinito e a luz do meio-dia aquecesse a alma com novos sonhos.

Concentradas, absortas, ficamos um tempo em silêncio, depois ela abriu aleatoriamente o livro: apareceu a figura de Dante na entrada do paraíso.

* * *

Encontrava-se aos pés de Beatriz, mulher com aura reluzente e o olhar fixo na direção de uma fonte de luz cristalina. A luz que a envolvia dava brilho e movimento a uma multidão de corpos leves, seres dançantes, anjos, semblantes plenos de alegria, um mundo de luz dinâmica e criativa. Enquanto eu absorvia essa imagem, Anita leu uns versos:

> Tu já não estás na terra, como ainda crês,
> mas num lugar de luz de onde voltas com maior leveza.

Maria Leonor voltou à minha cabeça. Imaginei a menina como um anjo de luz no céu de Dante. Mas, para que titia não investigasse minha distração, voltei imediatamente ao livro. E tia Nita novamente leu:

> Parecia que uma nuvem nos cobrisse
> de luz densa como um sol que nos ferisse.

As palavras eram complicadas, mas ela continuou lendo mais algumas estrofes que falavam de Beatriz, cujo olhar iluminava

Dante como o olhar de uma mãe a um filho; e lhe explicava que, no universo, todas as coisas têm uma ordem entre si, porque provêm de Deus, que é fonte de tudo e direciona tudo para a expansão até a plenitude.

Naquele momento, o olhar iluminado de Dante parecia trazer os astros em movimento no universo, circulando em diferentes dimensões de beatitude. E, na sequência dos círculos, formavam-se céus, ocupados por espíritos humanos segundo seus méritos, acompanhados por seres angelicais que se aproximavam de Deus, de onde todo movimento se origina. O olhar de Dante procurava captar as imagens que aquela luz lhe proporcionava, o significado de cada uma e o mistério contido em cada detalhe. Então, numa breve intuição, senti a mesma busca de Dante: descobrir o que há por trás do que não se vê. E fiquei pensando se Deus teria coragem de castigar Maria Leonor.

* * *

A voz de titia, descrevendo a cena em que o poeta celebrava outra vez a esperança, misturava-se ao pedacinho de céu que vazava pela janela do teto, como uma bandeira a simbolizar outra pátria onde o coração deseja morar.

Tudo isso transitava em minha cabeça, quando vi minha tia de pé:

– Vamos, já devem estar à nossa procura.

– Tia, quando vamos ler mais? – disse com a memória ainda em movimento.

– Não sei, não sei. Qualquer hora dessas. Vamos!

* * *

Descíamos as escadas do sótão e eu ia formulando questões, sem nem mesmo saber a quem perguntar; ia escavando espaços para

(Paraíso XXVI, 7-9)

perguntas que só o tempo iria responder. Elas já estavam embrionárias, ainda sem identidade, mas como potencial semente: "Onde é mesmo nossa pátria? Viemos do pó da terra ou das estrelas?".

* * *

Quando titia me deixou, pensei: "Se a pátria é como uma semente, ela cabe no meu coração. Sim, no meu coração cabe a pátria terrena e a celeste. É simples assim, a terra e o céu cabem dentro de mim em forma de semente". Então sorri. Porque o céu de Dante estava aí, perto, muito perto, igual aos pensamentos.

15. O céu misterioso

A ROTINA DO DIA REINICIAVA-SE sob um céu nublado, e a chuva logo desabou compacta. Assim que as águas levaram os entulhos das pequenas vegetações, o dia abriu ensolarado. A dor pela morte da menina parecia ter se acomodado no coração de todos. Como entender os adultos? Será que o escuro de uma noite lhes rouba o coração? Em minha cabeça, muitas perguntas do dia anterior permaneciam sem resposta. O corpo de Maria Leonor não foi velado na igreja, não houve enterro, nem feriado na escola, e a mente cheia de indagações desordenava minhas ideias. As palavras que titia leu para mim lá no sótão ainda nevoavam a memória: "Os céus são astros a girar no espaço; há céus mais próximos, céus mais distantes". Em qual deles estaria Maria Leonor?

* * *

Sentada na banqueta ao lado do fogão à lenha, mamãe bordava uma toalha feita com sacos de farinha alvejados. Encostei-me ao seu lado e observei o crispar das chamas dançando bonitas. E ali estacionamos mamãe e eu... até o sentimento juntar nossas almas.

– Mãe, como é o céu?

Ela deixou o tempo pingar uns segundos, a fim de encontrar os limites para sua resposta.

– Filha, quando eu souber como é o céu, já não poderei explicar pra você, porque só sabe quem já foi lá.
– Mas, se você não viu, como acredita que é de verdade?
– A gente acredita em tantas coisas que não vê. O ar, por exemplo, você não vê e respira ele a todo instante. Ó, puxa pelo narizinho o ar e sente como ele existe... Assim é o céu, a gente sente que existe e nos faz feliz.
– Mamãe, eu tenho tantas perguntas...
– Eu também tenho muitas. A gente vai ter perguntas até o fim da vida, filha.

* * *

E o silêncio ensinava para nós duas que a história da humanidade é uma dança delicada. Há um gingado que só se aprende no movimento. É preciso mover-se no compasso da música sem trair a própria melodia. Há um entrelaçar-se sem escravidão. É preciso teimosia para gerenciar o próprio passo, num cenário que mescla indivíduos e universos. Há uma voz que se escuta, sem que ela fale. E, se fala, não entendemos. É preciso ouvir como uma criança que dorme. Quando dorme, sonha do tamanho de seu desejo, pinta a vida na cor de sua esperança e ultrapassa sorrindo as fronteiras do impossível.

* * *

– Hinn in in – o cavalo relinchou empinando o corpo.
Tio Júlio amarrou o cavalo ao tronco de uma árvore e, num salto, já estava nos degraus da escada.
Fui ao seu encontro, pulei em seus braços. Ele me ergueu ao alto como de costume. Estalou um beijo na testa, fez um carinho em minha cabeça e foi direto ter com mamãe. Confabulou com ela até o almoço.

Papai chegou trazendo o rádio, que o acompanhava em seu novo caminhão Alfa Romeo, e o ligou para ouvir o Repórter Esso. O Brasil sentia as consequências da Segunda Guerra Mundial. Desabastecimento de itens essenciais, como farinha de trigo e café, acentuavam as dificuldades próprias das primeiras gerações de imigrantes nas colônias do Sul. A palavra "carestia" ficou intensamente gravada em minha memória. Não bastasse a carência de itens básicos, corria o comentário de que os homens podiam ser recrutados, outra vez, para guerrear, pois o governo de Getúlio Vargas estava enviando tropas para a Itália. Foram tempos difíceis. Os adultos voltaram a franzir suas frontes carregadas de preocupação. Eu colhia os respingos de um futuro incerto, mas sem pânico, porque a esperança ainda sorria.

A geração jovem do campo parecia não se preocupar com esses rumores tão distantes. Os adolescentes contavam piadas e aventuras fantásticas sobre a habilidade com que dominavam as cobras e armavam arapucas para as raposas. Tudo assumido com galhardia, sem quebrar as verdades absolutas que fluíam de maneira tão uniforme como os planetas em torno do sol. Lembro-me de meus tios mais jovens debruçados sobre os gibis. Imitavam a coragem e o heroísmo de seus ídolos com bravatas insolentes, criavam personagens semelhantes às figuras dos quadrinhos e se divertiam, como se o mundo conturbado da guerra fosse apenas outra história de heróis. Minhas tias, junto às professoras, exibiam a revista O *Cruzeiro*, no sonho de se tornarem famosas. Cantavam modinhas de Carnaval e fofocavam sobre moda e personagens de cinema. Uma juventude em busca de *glamour*, curiosa sobre o novo mundo que o rádio e a imprensa vendiam.

Preservada de qualquer preocupação, mas também proibida do acesso que o poder da escrita exerce sobre meu mundo, eu só queria ficar grande, crescer logo para alcançar os livros e mergulhar no mundo das respostas que os meios de comunicação vinham oferecendo.

— Vem comigo colher laranjas — convidou tia Nita. — A mãe quer fazer um doce hoje.

— Você leva o livro? — perguntei, certa de ser atendida.

Titia já estava imersa naquela história e gostava de alimentar o segredo que nos unia. Em fração de minutos, voltou com o livro na cesta, enrolado numa blusa velha. Chegando ao pomar, sentamos sobre duas grandes pedras em formato de assento. Eram pedras cobiçadas pelas crianças, lapidadas de tanto deslizarem sobre elas. Longe de qualquer suspeita, tia Nita deixou-me contemplar uma imagem que mostrava o segundo céu de Dante. Uma multidão de corpos diáfanos, translúcidos, envoltos em nuvens movimentava-se harmoniosa, como um bando de pássaros suspensos no ar.

Ela começou a ler um diálogo em que Beatriz responde para Dante perguntas sobre detalhes do céu. Explica que o brilho de seus olhos, cintilantes de amor, provém da luz que há no céu.

E Dante, cheio de alegria, escreve:

> Depois de seu olhar todo radiante
> na direção onde o mundo é mais vivo,
> e por ter calado e transformado o seu semblante
> impôs silêncio ao meu desejo
> já concebido de novas perguntas.
> Imaginei, se essa estrela sorriu, transformando-se,
> como não me transformarei eu que sou inconstante.

Anita estava tão apaixonada pelo livro que conseguia ler as mensagens escondidas nas palavras. Desarrumava tudo e recontava para mim com simplicidade. Falava tanto da beleza de Beatriz, de como seu encanto conquistara o coração de Dante, que

(Paraíso XVIII, 124-126)

eu sentia inveja da personagem. Determinada, eu dizia para mim mesma: "Vou ser um anjo de luz como Beatriz. Se há céus mais próximos e céus mais inacessíveis, quero estar nos dois. No mais próximo, vou ser artista e, no outro, anjo de luz". Queria tudo: alcançar o céu de Dante e engolir o mundo que me cercava; um aumento de alma para nunca ser esquecido.

* * *

Ao voltar com as laranjas, encontramos a nonna à nossa espera. Antes de entregar as frutas, titia teve o cuidado de esconder o livro na lavanderia, sempre disfarçado em um pano velho.

– Tanto tempo para trazer essas laranjas? – reclamou vovó, enquanto as apanhava para iniciar o doce. – Agora me tragam lenha para o fogo – acrescentou impaciente.

Saímos selando o acordo. Eu recolheria a lenha e titia guardaria o livro e viria me buscar.

Chegando em casa, depositamos a lenha perto da nonna e íamos sair de fininho.

– Onde vocês pensam que vão? – limpando as mãos no avental, a nonna continuou: – Anita, você vai me ajudar a descascar as laranjas, e Bia pode cuidar do fogo. Não deixe faltar lenha, por favor.

Naquele momento chegou mamãe.

– Bia, estava te procurando.

– Eu fui com tia Nita colher as laranjas.

– Agora essas duas não desgrudam, parecem irmãs – observou mamãe.

– *Si, si, cara* – concluiu a nonna.

Minha mãe parecia ansiosa e, vendo que nós não saímos, resolveu falar:

— Estou preocupada, mamma; não tenho mais farinha de trigo, e está em falta também lá no mercado dos Sartori. Tenho cinco crianças em casa e estão dizendo que o Rio das Antas pode demorar mais uma semana para dar passagem. Se Augusto demorar ainda uma semana...

— Não se preocupe, Catarina. Aqui em casa ainda temos nozes, castanhas, batatas e farinha de milho. Podemos fazer broas no lugar do pão.

— Mãe, o pai não vai voltar esta semana? – perguntei angustiada.

— Parece que as enchentes não deixam a balsa atravessar o rio. Mas ele volta, sim, fique tranquila.

Então, mamãe e nonna conversaram em dialeto sobre os tempos difíceis que atravessavam.

Mamãe voltou para casa pensativa, enquanto eu procurava entender como um rio podia ser mais forte que meu pai. Eu que conhecia apenas o pequeno riacho, límpido, manso, raso, deslizando sobre pedras firmes e conjuntas, sobre as quais brincávamos. Cada um de nós tinha sua pedra, batizada conforme o próprio desejo, sobre a qual alimentávamos os marrecos e estudávamos os peixinhos ainda embrionários. Que rio era esse que impedia papai de chegar até nós?! Não era meu pai mais forte que um rio? E a curiosidade buscava tocar o âmago dos fatos, como a língua toca o céu da boca.

16. *A festa dentro das pessoas*

OS DIAS SEM NOTÍCIAS DE MEU PAI trabalhavam em silêncio. O tempo abria um buraco indefinido, uma dor muda circulava de dentro para a periferia do corpo, do lar e da vila. O olhar pesado de todos carregava a pergunta, nunca elaborada, mas que saltava aos olhos: "Será que eles voltam?". Eu a captava no ar. A chuva continuava impetuosa e o Rio das Antas transbordara, levando a ponte e os parcos meios de informação. Os tios se revezavam em cuidados e proteção ao redor de mamãe. Ela acendia velas, queimava folhas bentas e nos reunia em comunhão de súplicas. A ligação direta de mamãe com Deus tornava-se quase visível: um fio onde todos nos pendurávamos confiantes na fé a que ela se agarrava. Única âncora, num momento em que a ausência nublava o futuro.

As noites transformavam a cama de meus pais em um verdadeiro ninho. Somente Chiara dormia em seu berço ao lado. Nós, cinco irmãos, todos grudados em mamãe. Dois ao seu lado, Marco e Cecília. Lúcia, Júlia e eu, aos pés da cama, disputávamos o tempo que cada uma podia ficar aquecendo os pés dela. A lembrança de como eu acariciava os pés de mamãe contra meu peito está gravada em mim de tal forma que me faz voltar àquela conexão, quase umbilical, em que os sentimentos transitam pelos sentidos.

Foi numa dessas noites, inundada de intimidade, que ela nos confidenciou a história de como tinha conhecido papai.

— O pai de vocês foi muito paciente. Conquistou-me pelo respeito e estima. Esperou firme, um bom tempo, me namorando de longe. Mas meu primeiro amor não foi ele, foi outro. Só que meus pais não consentiam com aquele namoro, por isso havíamos planejado fugir. Estava tudo combinado. Mas, na hora, eu não tive coragem. Não consegui deixar a família. Depois disso, Alberto desapareceu. Eu não conseguia esquecê-lo, nem pensar mais em namoro. Até o dia em que meu pai me chamou e me apresentou um jovem alto, magro, de olhar esperto: "Conhece este rapaz? É de família boa e está pedindo para te namorar". Foi assim que começamos o namoro. Depois nos casamos, e, agora, não posso imaginar-me sem o pai de vocês.

Da maneira como mamãe nos falava, acredito que ela pegou carona no rastro de seu primeiro amor, apenas para nos dar o recado de que amar é um longo aprendizado, segue na linha da eternidade... para sempre, sem fim. O amor não se encontra pronto. O amor é para ser construído, amassado, fermentado como o pão, cozido e comido como alimento de cada dia. Selado com o juramento da espera, pode se aperfeiçoar continuamente, sem jamais ser perfeito ou acabado. O amor sem a assinatura do tempo pode acabar rapidamente.

* * *

A ausência de papai se prolongou por mais de duas semanas. Até que, num entardecer em que os grilos cantavam incessantemente – dizia-se que o canto do grilo traz sorte –, vimos o caminhão apontar na estrada. Corremos ao seu encontro. Abraços e lágrimas se fundiram em risos e exclamações. Agigantada pela emoção, do alto do pescoço de meu pai, um homem de quase dois metros, eu via o mundo em miniatura de presépio. A esperança abriu espaço e a alegria foi maior que a da noite de Natal. Era uma festa para dentro das pessoas, trazendo o presente que todos esperavam. O teto protetor voltou a se estender sobre nosso lar, onde tudo havia ficado pela metade – metade de braços para nos apoiar, metade de pernas para nos conduzir, metade das palavras para nos ensinar, metade de olhares para nos corrigir. Depois, vimos papai afagar mamãe e, em seus olhos, havia uma longa conversa.

* * *

O sol já estava alto quando nos encontramos na manhã seguinte. Mas foi no almoço que meu pai informou que decidira mudar de profissão.

– Vou vender o caminhão e comprar as terras do vizinho que estão à venda. Vamos trabalhar com a vindima, toda a família junta. Esse tempo que fiquei ilhado, do outro lado do rio, vi a prosperidade dos colonos que cultivam uvas no Vale da Serra. Nós vamos fazer um parreiral modelo. Vão ver – e, olhando para minha mãe, confirmou: – Assim não deixo a mãe carregar sozinha essa carga – e, com um sorriso de menino, trouxe para a família a possibilidade de pensar grande. Mas, como mamãe sabia que o ponto fraco de papai era sonhar fácil, consentiu com cautela.

* * *

A euforia com que papai partilhava as aventuras de sua última viagem estendeu-se até a roda do chimarrão. Era o momento propício para ler o nosso livro. Pensei em procurar Anita. Ela estava colhendo os primeiros figos da estação.

– Tia, você quer ajuda? – perguntei tentando construir uma ponte entre meu desejo e as risadas que de longe ecoavam com as façanhas fantasiosas de meu pai.

— Pegue este galho, ó. Eu seguro e você colhe os figos — disse Anita curvando com cuidado o rebento novo da figueira.

— Depois podemos ver o livro?

— Um pouquinho, porque tenho muita tarefa de escola hoje.

— Eu queria ouvir outra vez a história de Beatriz — falei com os olhos imersos em minha fantasia: queria transformar-me numa linda mulher como a que conversava com Dante.

* * *

Sentamos na sala do nonno e Anita abriu o livro, procurando a passagem que eu solicitara.

> Mas Beatriz tão bela e tão ridente rebrilhou,
> que a visão maravilhosa, bem como outras,
> seguir não pode a mente.
> Aos olhos força deu tão poderosa,
> que se alçaram; e com ela transportado
> vi-me à esfera mais alta e luminosa.

Titia pousou o livro aberto na figura e tentou me explicar o diálogo de Beatriz e Dante. Eles estão falando com anjos de luz sobre as dimensões do céu, que vão crescendo em beleza e luminosidade através da pureza com que os seres chegam lá no paraíso. E deu continuidade à leitura:

> Nos olhos seus ardia um tal sorriso,
> que, encarando-a cuidei tocar
> o fundo de ventura no eterno Paraíso,
> como a delícia eterna, rebrilhando direta em Beatriz,
> me extasiava do gesto seu por um reflexo brando,
> com riso, de que a luz me subjugava.

(Paraíso XX, 10-12)

Noutra pausa inesperada, tia Nita me disse:

— Parece que no céu a luz também é de fogo, só não é como o do inferno. No céu, o fogo não dói, diz aqui, é um fogo aquecedor.

— Como o sol — interrompi com sorrisos.

— Parece que sim, como o sol.

— Ah! Eu gosto muito de ficar no sol! Você também?

— Muito, gosto mesmo...

— Então vamos, tia, vamos — ela guardou o livro. Atravessamos o jardim e eu voltei ao pomar e me entreguei ao calor do astro.

* * *

— O senhor vai mesmo comprar as terras, pai? — perguntou Cecília, após a oração da ceia.

— Provavelmente — respondeu papai, enquanto servia o copo de vinho. — Precisamos ver se o sócio do caminhão compra a minha parte.

— Mas eu não posso ajudar na roça, quero estudar para professora — continuou minha irmã, que já concluíra o ensino primário. — Todos vão estudar. É a única coisa que quero deixar para vocês, a educação.

— Educação e fé — acrescentou minha mãe. — Educação para ser gente e fé para agirmos como filhos de Deus.

— A mãe está certa. Ninguém de vocês vai ficar sem estudos. Eu queria muito, mas não pude, as circunstâncias eram outras... Porém, para meus filhos, vou fazer todo o possível para que nenhum fique sem estudo. E, com a ajuda de Deus, vamos conseguir.

— Eu também quero ser professora — disse Lúcia, enquanto se levantava para servir o leite.

— Uma por vez, uma por vez — disse papai com gestos de resignação. — Enquanto uma estuda, a outra ajuda a mãe em casa e, assim, todas vão se formar.

– Eu quero ser padre – disse Marco, ensaiando um tom grave de quem quer deixar de ser criança.

Na realidade, Marco tinha o dom da retórica desde muito menino. Seus sermões deixavam os adultos boquiabertos. O padre lhe ensinava latim, e o pequeno tentava nos impressionar com isso.

Eu manifestei meu desejo erguendo o dedo:

– Eu quero aprender a ler e tocar piano.

– Vamos começar pelos mais velhos. Assim que um se formar, ajuda os mais novos – concluiu papai.

* * *

Depois da ceia, meu pai se ajoelhou conosco ao seu redor, menos mamãe que tinha o direito de ficar sentada por estar sempre com um nenê no colo. Lá em casa, a oração da noite era sagrada. Naquele dia, foi uma explosão de ação de graças. Sentir a família novamente unida no amor e na fé nos fazia tão felizes, que nenhuma pobreza nos amedrontava. Sonhávamos grande e aprendíamos a gestar nossos sonhos com as pequenas sementes que estavam em nossas mãos. Aprendíamos que o amor e a fé eram capazes dessas grandezas.

17. O livro nasce como um sonho

UMAS SEMANAS DEPOIS, quando os galos começaram a cantar anunciando um novo dia, meus pais já confabulavam na cozinha. Assim que minhas irmãs foram para a escola, mamãe veio ao quarto:

— Bia, Marco, vamos levantar que o pai quer que eu vá com ele ver as terras que comprou. Vocês vão com a gente.

— Uau! – foi Marco quem reagiu primeiro.

— Rápido, tomem o leite que está pronto sobre o fogão. Depois vamos, preciso voltar para fazer o almoço.

Mamãe deixou Chiara com tia Paola, prometendo não demorar.

* * *

As terras que seriam nossas cobriam meia colina à esquerda da vila. Começavam no final de uma ruela que atravessava a rua principal. Seguimos a pé, passando em frente à escola, e iniciamos a caminhada. Meu pai abriu a porteira, atravessamos uma ponte sobre um riacho cristalino, e estávamos no primeiro plano, enchendo nosso olfato com o aroma das flores de laranjeira.

— Hummm... que cheirinho bom, pai! – eu disse enchendo os pulmões.

– É... nesta entrada pretendo construir uma casinha. É um lindo lugar – e meu pai ia à frente com um enorme facão podando galhos, afastando os empecilhos do caminho.

Chegamos a uma extensão mais elevada e plana. A planície parecia não ter limites, seus confins pareciam ultrapassar o horizonte. Agora era o cheiro do mato que inflava as narinas. Meus pés flutuavam sobre uma grama espessa até chegar a um pequeno trilho pedregoso, no alto daquele enorme platô, agora nosso.

O pai encostou-se a um tronco caído à beira do caminho e pediu para minha mãe sentar ao seu lado. Marco estava encantado com as pedras. Pegava uma a uma, examinava-as, às vezes as jogava longe, outras vezes, as recolhia. Eu fiquei junto aos pais. Então meu pai começou a descrever seus planos:

– Veja lá embaixo, mãe – e ela olhou admirada a terra à sua frente... tudo isso aí vai ser parreiral. Uvas selecionadas para vinho, Isabel e Niágara. Quero uma coisa benfeita. Tudo com postes de cimento e arame em simetria. Com o enxerto destas parreiras, em dois anos, temos uma abundante colheita. Aqui – apontando um baixo platô em relva –, somente uvas para venda. Em Bento Gonçalves, as vinícolas vão até as colônias. Compram a uva no parreiral e eles mesmos fazem a colheita. Lá na entrada, vou plantar uvas de mesa: dedo-de-dama, moscatel rosado e uvas para nosso vinho.

Meu pai falava com segurança e alegria promissora. A mãe escutava; quase só escutava, e isso ela sabia fazer como ninguém. Eu também escutava, mas com outro sentido: sonhar é igual a ler. A gente solta o pensamento e com ele constrói a história. O pai – eu pensava – está vendo as imagens e descrevendo seu sonho como Dante faz com o livro. E minha mãe escuta a leitura que meu pai faz de seu sonho. Naquele momento pensei que a palavra nasce no pensamento, fica escondida até criar asas, daí ela voa para o livro. Estávamos nesse burburinho, quando Marco chega com uma pedra transparente, cheia de pedrinhas pontiagudas, de cor lilás.

– Deixa-me ver, filho – pediu papai, tomando a pedra das mãos de meu irmão: – É uma ametista! Estamos perto da região dessas pedras. Quem sabe tem uma pedreira por aqui – sonhando novamente coisas grandes.

– Vamos, pai, olhe o sol, já está alto – lembrou mamãe, sempre preocupada com o agora.

– Sim. Vamos subir até o topo. Precisamos encontrar água. Se tiver uma nascente lá no alto, já pensou? Vamos sulfatar as parreiras sem custo.

– Como encontrar água, pai? – perguntou Marco.

– Chegando lá, eu explico.

* * *

Caminhamos por um pequeno bosque de frutas silvestres, pitangas, guabirobas, araticum. Mamãe abriu uma para comermos. Eu e meu irmão sorvíamos a doçura da polpa e cuspíamos as sementes para longe, disputando quem conseguia maior distância, enquanto meus pais faziam seus planos. De repente, o zunzum de um enxame de abelhas fez papai nos proteger com sua camisa. Logo depois nos surpreendeu com um favo de mel translúcido, que comemos com o dedo.

– Agora que já comeram, vamos catar a água – fez forquilhas de galho verde. – Vou ensinar como se encontra água – disse meu pai, dando a forquilha maior para mamãe.

– Muito bem! Agora segurem a forquilha, sempre apontando a seta para a frente. Estão vendo? Como eu faço. Vamos caminhando devagar. Se houver lençol d'água abaixo da terra, a forquilha se movimentará com força. Olhem sempre para o chão, para não pisar em algo perigoso. A força da água atrai a forquilha como um ímã. Segurem firme.

Depois de uns quinze minutos, Marco gritou:
— Pai, pai, venha aqui! A minha forquilha está se envergando, como o senhor falou. Olha, ela puxa pra baixo!

Aproximamo-nos e todas as forquilhas puxavam para baixo. E meu pai curvou-se, ouvido rente ao chão, parecia falar com a terra, parou...
— Sim, tem água e muita, dá para escutar o borbulhar! – ergueu-se radiante. Fincou um enorme galho de árvore no lugar, e feliz, muito feliz, apertando os olhos de felicidade, olhou para mamãe: – Amanhã venho com mais homens e vamos fazer um tanque aqui. Vai ter água escorrendo colina abaixo.

A partir de então, curtimos a felicidade que chegava ao nosso coração de criança, feito mel. Marco e eu corríamos na frente, saltitando, descobrindo novidades, corações livres, senhores do mundo ao contemplar a vila aos nossos pés. Meus pais colheram laranjas, mexericas, enchendo avental e bolsos com os frutos que já eram seus.

* * *

A roda do chimarrão tinha a magia de congregar as pessoas, levando de boca em boca não apenas o sabor da cordialidade, mas as peripécias do dia com as notícias do Repórter Esso. Sentados ao ar livre, os homens comentavam o rumo que as coisas da política estavam tomando. Lembro-me de algumas palavras estranhas que se destacavam em tom mais aguerrido: revolução, terrorismo, democracia, marxismo.

Estendendo a mão para apanhar a cuia, veio a fala de meu pai sobre a compra da terra, e a rápida indagação do nonno:

— E agora, quais são seus planos?
— Plantar uvas...
— Ah! Mas você sabe lidar com parreiras?
— O que não sei, eu aprendo — respondeu meu pai.

Nessa hora, tia Nita chegou com um pote de pipocas e ofereceu para os adultos. Depois, sentamos num degrau da escada, não muito longe da roda do chimarrão. Dava até para perceber que o nonno questionava os novos planos de papai. Mas, em pouco tempo, Anita e eu mergulhamos em outro mundo.

— Sabe, tia, eu acho que um livro nasce no pensamento e, antes de entrar no papel, é como um sonho. Minha mãe sempre diz que papai sonha muito com as coisas. Hoje ele contou como imagina um parreiral. Eu escutava e via os pensamentos dele caminharem como no livro. Contar um sonho é como ler um livro, não acha? Ah, eu quero aprender a escrever...

— Bom, mas não é só pensar. Tem que conhecer as coisas.

— Mas, tia, Dante também escreveu sobre o inferno e o céu antes de conhecer. É só imaginar, soltar o pensamento...

— Ah! Vamos levar pipocas pra sua mãe.

Na cozinha, mamãe estava com a nonna ensinando minha irmã a fazer *frivolité*: um artesanato delicado, elegante, uma espécie de renda, feita com navete. Júlia amava artesanato e levava jeito. Bordava divinamente, e agora queria fazer uma colcha de *frivolité* para seu enxoval.

— Tia Nita, dá para ler um pouco do livro? — perguntei quase cochichando.

— Hoje não. Deixa pra amanhã. Eu quero ficar aqui agora.

— Tá bom — suspirei, sem me desapontar.

Naquela tarde, naveguei pelo mundo imaginário da escrita. Se meu pai escrevesse seus sonhos, talvez virasse um livro. Se o nonno escrevesse tudo o que sabe da Itália, também sairia um livro. Se mamãe escrevesse... Ah, se mamãe escrevesse ia ficar muito bonito. Imaginava ler o que eles tivessem escrito, quando eu fosse grande. Aí, guardava suas histórias comigo. Guardava seus pensamentos, seu olhar, seus gestos, tudo o que habitava sua alma, para fazer com eles uma corrente com meus pensamentos... inseparáveis, eternos, para sempre, sem fim, imortais.

Entre as linhas de suas histórias, eu iria encontrar o timbre de suas vozes, o brilho de seus olhares, o calor de suas peles, o ruído de seus passos. E o tempo não seria fragmentado, apenas uma linha contínua de vidas entrelaçadas pelo fluxo dos pensamentos, expressos no desenho das palavras. Seríamos a comunhão, a plenitude, a realização do paraíso de Dante.

19. O livro que fala

A MANHÃ SE ESPALHAVA EM TUDO, clareando do topo das colinas ao chão da vila, que se preparava para comemorar uma de suas maiores conquistas. A comissão da igreja, unida ao clube de imigrantes, tendo o vigário como mediador, conseguira trazer luz elétrica para a pequena vila.

Das minhas lembranças, essa é uma que permaneceu intacta. Tudo borbulhava em festa sob o aplauso do sol. A rua limpa e embelezada; enfeites com ramos, folhas, flores e bandeirolas; na praça, umas quinhentas pessoas pareciam encher o mundo, tal era o vaivém, o sobe e desce de pés em expectativa. Carros chegando, peões e prendas do Centro de Tradições Gaúchas do município, homens vestidos a rigor, entre eles meu pai, que volta e meia fazia um galanteio com seu novo chapéu de feltro. Lembro-me dos foguetes deixando a fumaça incensar o ambiente, churrasco campal, declamações, trovas, danças, discursos entusiasmados e interrompidos por vivas e salvas de palmas. Povo e autoridades misturavam-se numa alegre confraternização. Foi uma festa que nos manteve o dia todo nesse alvoroço comemorativo.

* * *

Até que a luz do sol desceu, cedendo lugar às luzes da modernidade: ao som de música, foguetes e a bênção solene do vigário, foi ligada a chave que iluminaria a vila. Lembro-me dos gritos de alegria ao presenciar aquele fio luminoso que, ao longo da rua principal e de outra menor, na transversal, tinha formado um verdadeiro Cruzeiro do Sul cravado no chão.

* * *

Olhei para o céu que se debruçava sobre a vila. As estrelas não dormiam, mas estavam calmas. E a lua, uma pequena medalha de prata no decote das colinas, intercalava o olhar entre as estrelas, lá no alto, e os balõezinhos foscos pendurados nos postes bem próximos, aqui em baixo. Não havia dúvida, uma esperança nova corria nas estradas, um gosto diferente de viver estampava-se nos rostos, e a experiência de que outros mundos cabiam dentro de nosso pequeno mundo.

* * *

O dia ainda foi coroado por uma curiosidade inédita, que o vigário havia reservado para aquela noite:

– Convido todos, adultos e crianças, mas especialmente as crianças, a sentarem no descampado entre o salão e a igreja.

Foi uma correria de pequenos; os pais apressados em seu alcance; banquetas, cadeiras, assentos improvisados e, num instante, estávamos todos a postos, as crianças nos primeiros lugares. Marco sobre um joelho de meu pai, Chiara no colo de mamãe, eu e minhas irmãs ao seu redor. De repente, na parede externa da igreja – num enorme quadro iluminado –, começaram aparecer letras. Imagens. Sons. Falas. Tudo como é a vida.

* * *

– Mãe, é um livro que fala. Tem figuras e letras – exclamei alto.
– Psiu! Presta atenção na história, Bia.

Estávamos todos empolgados com a novidade: *Marcelino pão e vinho*, um filme italiano. Estáticos e boquiabertos, formávamos um só olho, um só coração de criança bebendo, gota a gota, a mais deliciosa descoberta. Uma lembrança difícil de segurar sem emoção. Os próprios adultos viam, pela primeira vez, um filme. Eles que, na roda do chimarrão, diziam que um dia – como numa janela mágica – enxergaríamos o que acontece em outros lugares do mundo. Lembro-me perfeitamente dos comentários nas conversas daqueles homens:

– É, vocês não imaginam o que vem aí. Daqui um tempo, a gente poderá ver as pessoas... No rádio a gente só ouve, mas, nessa nova invenção, falam que é possível ver as pessoas – contava o nonno. – Vocês já pensaram nisso? Ver o que acontece lá na cidade?

– Não acredito nisso – rebatia Onório, um camponês de mãos curtas e grossas.

– Sim, meu filho diz que em Porto Alegre já chegou. É uma caixa maior que o rádio, e, agora com a eletricidade, não demora a chegar aqui também. Dizem que se chama televisão. É verdade! Vão aparecer pessoas falando, trabalhando, andando, tudo como é na vida.

– Impossível! – disse Giacomo passando a cuia para o nonno.

* * *

Naquela noite, eu me lembrava desses papos e sentia um novo mundo abrir-se à nossa frente.

Em casa, estávamos todos acesos, ninguém tinha pressa de ir para a cama.

– Você viu, pai? Marcelino pendurou uma pedra no cordão que prende o sino e o frei não conseguia mais tocar – Marco pôs a mão na boca para abafar a risada, e ríamos juntos...

Comentários. Risos. Descobertas nos mantiveram um bom tempo amarrados por um caloroso laço familiar.

– Está na hora de deitar – concluiu mamãe.

Só que havia ainda uma pergunta que me preocupava:

– Por que Marcelino não tem mãe? Será que Deus se esqueceu de escrever na fronte dele o nome de sua mãe? – perguntei antes de dar boa-noite.

– Não, não esqueceu. Talvez os frades não tenham visto. Isso só as mães observam – e apressou-se em nos fazer dormir.

* * *

Ao acordar, no dia seguinte, pensei logo em tia Nita, mas era preciso esperar até a tarde.

– Tia, você viu o livro na parede da igreja?

– Bia, não era livro. Era filme.

– Mas é só imaginar. A gente fecha os olhos, acorda os pensamentos... E aí eles assopram as palavras e fazem as figuras se mexerem... É a mesma coisa.

– Não, não é a mesma coisa. O filme só se vê com aquela máquina que o padre trouxe da Itália, entendeu?

– Eu queria saber por que não estava escrito na testa de Marcelino o nome da mãe dele. Fiquei triste. Você sabe por quê, tia?

– Hum! – e, abanando a cabeça pensativa, fez um curto silêncio: – Bia, vou te contar um segredo. Mas você tem que prometer não contar para ninguém, ninguém, ninguém, tá?

– Tá. Pra ninguém – prometi, juntando os dedos sobre os lábios.

– Bia... – pausou um instante: – Os bebês não são encontrados em lugares, assim como contam... – e olhava-me sem saber bem como falar. Até que decidiu: – Os bebês nascem da barriga das mamães.

— Uhu! Meu Deus! Das barrigas das mamães! Mas como eles entram na barriga?

— Ah! Como uma sementinha entra no fruto. Mas promete segredo, senão não te conto mais nada.

— Prometo! Prometo... Por isso que a mãe disse que, se a gente engole uma semente de butiá, nasce uma planta na barriga e sai pelo umbigo?

E rimos imitando uma barriga enorme com uma palmeira saindo do umbigo.

De repente, minha imaginação começou a trabalhar. Parei. Os livros são como as barrigas das mamães, guardam as palavras até serem abertos, então, nascem...

— Bia, você está pensando em contar pra sua mãe?

— Não, tia. Não estou pensando nada. Não vou contar pra ninguém.

Chegando em casa, encontrei mamãe passando roupa. Aproximei-me devagar e em silêncio. Sentei perto, como quem nada quer.

— Será que Marcelino tinha mãe?

— Todas as crianças têm mãe, Bia.

— E se a barriga... — cortei a frase, pondo a mão na boca.

A mãe saiu disfarçadamente. Foi à janela assoprar a brasa do ferro. Depois de um instante, voltou. Pousou o ferro sobre o fogão. Sentou ao meu lado, iluminada, toda ternura:

— Bia, você já vai para a escola, então eu vou te contar: os bebês não são achados aqui e ali... Essa é uma história só pra crianças. Os bebês nascem, sim, da barriga da mamãe. Nascem da nossa barriga, como o pintinho nasce do ovo — disse isso moldando com as mãos a barriga em forma de um ovo. — Quando estão prontos, nascem...

Aquele momento foi tão especial que fiquei em silêncio, sem perguntas.

— Agora, você promete não falar disso com seu irmão? Antes de ele ir para a escola, eu conto pra ele. São as mamães que contam... Elas sabem quando podem contar. Têm coisas que a gente entende só quando cresce. E crescer demora...

— Prometo, mãe, prometo.

— Então, agora, ajuda aqui, filha. Leva essas toalhas ao quarto.

Caminhei com a segurança de quem alcança o outro lado da ponte. Olhei-me no espelho e me vi grande, lábios vermelhos, sapatos de salto. Saboreava o gosto de crescer embrulhando segredos, decifrando respostas. Surpreendida continuamente pelo estranhamento do novo...

20. Beatriz, bela e sorridente

OS DIAS AMANHECIAM SEMPRE mais esperados pela sedução que as palavras escritas exerciam sobre mim. Carrego viva a lembrança da manhã em que levantei decidida a dar voz ao meu desejo:
– Mãe, me ensina a ler?
Ela estava atarefada com o almoço, mas, ao ver meu interesse pelo livro de alfabetização, não resistiu. Limpou as mãos no avental e parou. Depois, rosto iluminado, foi até a mesa, afastou os grãos limpos de feijão que catava, e disse:
– Senta aqui, filha.

* * *

Na primeira página, as figurinhas de um cacho de uva, um ovo, o sol e a lua; todas com três letrinhas ao lado. Mamãe pôs o dedo sobre as letras que descreviam uva e me explicou as vogais. Depois algumas consoantes, V-S-L, e como vogais e consoantes se casavam para formar as palavras. Explicou que as vogais saíam livres da boca e as consoantes exigiam forçar um pouco os lábios. O desenho labial de mamãe nunca mais se apagou da minha memória. A letra V trazia um sorriso demorado; a letra S um sibilo feliz; o L fechava o céu da boca.

* * *

Depois de muito soletrar comigo, mamãe voltou aos seus afazeres. O olhar em seu trabalho e os ouvidos atentos às minhas silabas. Quando eu errava, ela, mesmo longe do livro, sabia a palavra correta que aquelas letras formavam. Isso me deixava curiosa. Como ela sabe? Como a palavra "uva" já está inteira na cabeça dela? Ah! As palavras, quando escritas, viajam mesmo para outras cabeças, assim como o céu no livro de Dante.

* * *

Então, comecei a insistir teimosamente com dona Julieta, a professora que se hospedava na casa dos nonnos, que me deixasse entrar na escola. A professora foi falar com minha mãe e, numa conversa de adultos, decidiram que eu poderia frequentar as aulas de alfabetização, mesmo não tendo completado 7 anos. E as descobertas vieram surpreendentes e deliciosas. Quando a educadora soletrou a palavra "uva", não era do mesmo jeito de mamãe. Uva na boca da professora soava seca; na boca de minha mãe, era doce, carregada de experiência; e, na minha, a palavra "uva" trazia à mente todo o trabalho da vindima: os braços carregados de cestos cheios de cachos perfumados e as alegrias da colheita em mutirão, o momento mágico daquele ritual alegre, em que as crianças eram as protagonistas: a pisa da uva no lagar.

Com os pés limpinhos, as roupas arregaçadas acima do joelho, e, ao som de cantos, risadas e ao ritmo das palmas, pisávamos as uvas até extrair todo o suco – uma celebração inesquecível.

* * *

Lembro vivamente o lugar, os artefatos e o sabor desse processo, no dia em que perguntei:

– Oh, papai, por que as crianças é que pisam as uvas?

— Porque o pisar leve e lento das crianças esmaga as uvas sem quebrar as sementes e caules, que podem deixar o vinho ácido. O pisar mais suave e demorado deixa o vinho mais espesso, mais saboroso – disse meu pai.

* * *

A partir de então, as palavras saíam da escrita e caíam na minha cabeça como caixas mágicas. No meu entender, cada um podia enchê-las com sua própria magia, sem que perdessem a identidade. A palavra "uva" era igual para todos, mas, sob sua roupagem, cada um escondia seu sonho, sua experiência.

* * *

Nesse mesmo dia fui sentar no jardim, pois queria vasculhar esse segredo. Fiquei observando a natureza. Os botões que se abriam, os coquinhos que despencavam. Formigas enfileiradas, abelhas laboriosas, pássaros em alegria, e o pequeno caracol dormindo sobre uma folha verde num pé de dálias. Assim, a fala da natureza e a fala das palavras descortinavam novos mundos cheios de curiosidades.

Peguei a folha com o caramujo e sentei sobre um toco de árvore. Absorta, observava o pequeno caracol, quando uma sombra espichada me ultrapassou.

Virei.

Vi meu avô de pé ao meu lado. O nonno era um homem alto, magro, cabelos lisos, um pouco caídos sobre meio palmo de testa franzida por um olhar de preocupação. Um pensador nato que gostava de estar na roda de amigos cultos. A ressonância de suas conversas era sempre polêmica e provocadora. Lembro-me da veemência com que meu avô tentava convencer os amigos de que um dia o homem pousaria na lua.

Mas raramente via meu avô falar com uma criança. E agora estávamos ali, a sós, frente a frente. Meu mundo, cheio de descobertas e sonhos, contracenando com outro, o mundo do nonno, cheio de razões e saber.

– *Cosa fai bambina?* – perguntou inteiramente voltado para mim.

Eu baixei a cabeça num pacto de amizade com meu bichinho, esperando que o choque desses mundos me ferisse. O suspense atropelava o tempo igual a uma tempestade, até eu sentir o calor de uma presença me envolvendo. Ergui o olhar e dei com o rosto de vovô na direção do meu; acolhia-me com seus grandes olhos azuis navegando num lago de ternura.

Balbuciei um pouco tímida:

– Nonno, você sabe por que o caracol carrega sua casa nas costas?

– Porque a casa que ele carrega é ele mesmo. O caracol é assim: corpo e casa juntos. É através dessa concha que ele respira e anda.

E, numa rápida intuição, percebi que algo semelhante ocorria com as palavras: letra e som juntos. Assim, elas respiram e andam de uma cabeça para a outra com suas casinhas.

– E o senhor já viu, nonno, que se a gente toca seu corpo, ele se esconde inteirinho dentro de sua casa?

– *Giusto, bambina!* Ele se fecha em sua casa para se proteger – disse acocorado à minha frente.

Infelizmente, fomos interrompidos por meu irmão, que corria atrás de uma ovelha perdida. Vovô ergueu-se e gritou:

– Oh, guri! Manda ela para o estábulo que já vou fechar a porteira – então saiu me deixando mergulhada outra vez em minhas descobertas.

* * *

(Paraíso XXI, 40-42)

A imaginação navegava entre os mistérios da natureza e as palavras escritas. Voltei a pensar nas letras e na casa do caracol. Quem escreve esconde o pensamento nas letras e quem as lê deixa que o pensamento respire e ande para outros lugares. Quero aprender logo a ler e escrever para juntar as casinhas das palavras e elas saírem surpreendendo. Sonhava em descobrir como foi que Dante escondeu, nas palavras, o céu e o inferno que mamãe descrevia como eternos. Como poderia o infinito caber dentro das palavras!?

* * *

À tarde, decidi procurar tia Nita para voltarmos a ler lá no sótão, mas ela preferiu ficar na casa dos nonnos. Tinha ainda a tarefa de lavar a louça e negociou a leitura em troca de minha ajuda. Tudo foi rápido e sem brincadeiras. Dever cumprido, fomos direto ao livro. Anita pulava páginas, dizendo: "Isto não é pra você". Ou "Espere um pouco...". Ela sempre fazia isso, mas só então confirmei que ela desarrumava as frases para arrumá-las à altura do meu entender. E continuou a me falar de Dante, encantado com a beleza de Beatriz, que o incentivava à gratidão pela harmonia do universo:

> Agradeça, agradeça a Deus o sol
> que ilumina os anjos e faz dançar os astros.

Como eu estava encostada ao ombro de tia Nita, atenta, muito atenta à formação das sílabas, de repente, pulei sobre o livro e apontei para a palavra "sol".
– Puxa! Tia, eu sei ler! Eu sei ler! Ó: S... O... L... sol!
– É isso mesmo, sol. É isso aí. Coragem!

* * *

Então, minha tia permitiu que eu fosse descobrindo as pequenas palavras de três letras: céu, luz, bem e mal. Já não eram

(Paraíso XXI, 1-3)

somente as figuras que me atraíam, mas as palavras que vinham diferentes, algumas gordas, outras magrinhas, as quais eu examinava sobre o papel envelhecido.

* * *

Tia Nita continuou descrevendo como Dante via os nove céus se sobrepondo em círculos iguais às cores de um arco-íris. Via almas dentro do sol e uma chama dentro de outra chama. Essa outra descoberta, de uma coisa se esconder dentro de outra, ressoava em minha cabeça aguçando mais a curiosidade. Por isso, perguntei para titia se o nonno tinha outros livros.

– Alguns... – confirmou minha tia. – Às vezes, à noite ele lê para nós histórias maravilhosas de povos antigos. Eu gosto muito quando ele lê as histórias dos imperadores, das bruxas e dos piratas.

– Oba!

– Eu sou o pirata da perna de pau. Do olho de vidro, da cara de mau – cantamos juntas, fazendo mímicas, até que um som de pessoa tossindo nos deu o alerta de que alguém podia estar por perto.

Após um silencioso suspense, voltamos ao assunto.

– E o nonno deixa ver esses livros? – acrescentei, como quem deseja beliscar o doce.

– Não sei! – disse sacudindo os ombros. – Estão guardados em seu quarto – e, com um breve sorriso, titia fixou novamente o olhar em *A Divina Comédia*. Abriu a página em que Beatriz conduz Dante para céus mais elevados, e convidou-me a acompanhar as palavras, enquanto ela lia, novamente, ao pé da imagem.

Beatriz, bela e sorridente...

Recolho essas lembranças e penso na palavra que, hoje, surge e se impõe de forma tão contraditória e resvala fácil em tantos sentidos e direções como um líquido que escorre ou anda; é contido e torna a escorrer; tropeça e voa entre as pessoas e para dentro delas. Uma espécie de seiva da vida social, que nos transforma em civilizados e nos permite estar mais próximos, mais unidos e... quem sabe... um pouco mais humanos. Milhões de sinais gravados em pedra, folha, papel e telas digitais se transformaram num legado indescritível. O que seria da humanidade sem essa história, que há uns seis mil anos abriga o pensamento humano, transformando nossas relações com o comércio, com a arte, com o mundo e com o transcendente? Ó, meu Deus! O que seria da humanidade sem essa preciosa aventura da comunicação humana?

21. Escondidos no coração de Deus

NOS MESES QUE SE SEGUIRAM, meu pai mergulhou na cultura do vinho. Começaram a chegar barris e pipas de madeira selecionada, que ele averiguava minuciosamente com olhar microscópico. O porão da casa virou uma enorme adega e, em pouco tempo, havia de tudo lá: do alambique ao licorzinho de butiá.

Com meu pai em casa, o padre nos visitava com mais frequência e as noites de confraternização se estendiam até a madrugada. Era o que se chamava de "filó", que unia famílias inteiras com suas histórias e cantorias. Costuravam as vicissitudes do dia, trocavam informações, conselhos sobre a saúde, técnicas sobre plantações e colheitas. Um encontro informal com partilha de notícias, trabalhos manuais e, sobretudo, confraternização com comidas regadas a vinho. As crianças ficavam à vontade correndo pelos corredores, escondendo-se nos porões e sótãos, ou no topo dos cinamomos à caça de vagalumes que engaiolávamos numa caixa de fósforos para depois lhes estudar a luz.

* * *

Numa dessas noites, quando a conversa dos adultos enveredou para a política, trazendo no cenário a dobradinha Getúlio Vargas e seu primo Ernesto Dornelles, tia Nita e eu fomos sentar ao luar. A noite estava maravilhosa. A lua cheia era um enorme farol voltado para a terra.

— Tia, vamos buscar o livro? Acho que dá pra ler — disse olhando para a claridade do jardim que deixava ver até as nervuras das folhas.

Ela se ergueu, sacudiu lentamente a cabeça:

— É... fica aqui. Não saia do lugar.

Quietinha, olhando a lua, deixei a imaginação voar... Vi anjos, Beatriz sorrindo pra mim sentada numa superfície mais escura das sombras da lua. Estava no céu de Dante. Ele cabia dentro da lua. Que curioso esse mistério de uma coisa se esconder dentro da outra! E pensava: "O pensamento se esconde na palavra, a palavra dentro do livro e o livro dentro de outra cabeça que o lê. Então, nós estamos amarrados pela escrita desde há muito tempo...".

— Pronto! — e Anita tirou o livro do embrulho de um casaco.

— Se não der pra ler, a gente pode olhar a gravura e ver se é igual ao nosso céu —sugeri embevecida com as expressões da lua.

— Bia, fui buscar o livro, agora senta aqui do meu lado e escuta...

"Um dia vou saber ler e não precisarei mais pedir para ninguém. Posso parar quando quiser, imaginar e pensar como as coisas se amarram ou se escondem uma na outra", pensei, aproximando-me dela.

Baixei o olhar. Antes de chegar ao livro, vi um pequeno vulto esquivando-se lentamente por entre as folhagens. Parecia desorientado. Hesitava ao caminhar.

— Para. Para, olha... — perdidos entre o desenho de asas de borboleta, no pelo mesclado de um filhote, dois faroizinhos apagados erguiam-se rente ao chão.

— É um gato — e fixando o olhar nele, minha tia exclamou: — Nenhum vizinho tem esse tipo de gato! Será que está perdido?

Levantou-se, repôs o livro no casaco e caminhamos em direção ao pequeno estranho que parecia acuado. À medida que nos aproximávamos, minha sensibilidade se aguçava. Mas quem conseguiu pegá-lo no colo foi minha tia.

– Parece um animalzinho imperfeito, os olhos são muito pequenos, não brilham, parecem nublados... – morrendo de dó o acariciava.

– Dá ele um pouco pra mim, tia – e também o aninhei no meu colo.

– Talvez seja um gato cego. Olha, ele não se assusta com os movimentos, mas com a voz.

– Vamos levá-lo para minha mãe, ela vai saber cuidar dele.

Fomos direto para a sala. As mulheres estavam ocupadas com guloseimas e os homens com política. Anita me deixou e foi até a cozinha. Fiquei um pouco chateada. O animalzinho parecia triste. "E se for doente? A mãe não vai gostar que eu o traga para dentro de casa." Entrei devagar, e as mulheres teceram diferentes comentários:

– Não se traz gato estranho para dentro de casa.

– Se estiver com alguma peste.

– *Ma poverino...* precisa de cuidados...

Até o sexo definiram. Era uma gatinha. Minha mãe a tomou no colo e ordenou:

– Bia, vai até a dispensa e pega um trapo de lã – enquanto isso ela preparava um caixote ao lado do fogão à lenha.

Acomodamos a gatinha no fofo.

– Vou chamá-la de Luna, mãe, porque a achamos numa noite de lua cheia.

– Esse nome é muito bonito. E ela é uma gatinha especial. Vamos adotá-la, porque os que nascem especiais vêm ao mundo para nos ensinar.

— Ensinar?!
— Sim, ensinar a cuidar e tratar todos como criaturas de Deus.
— Vou ver se Marco cuida dela amanhã, enquanto estou na escola. Você também cuida, né, mãe?
— Sim, mas durante o dia ela vai ficar no quintal. À noite a gente traz aqui para dentro.

Minha mãe voltou para junto das comadres, e eu sai pensando em como Luna ia nos ensinar. Quem ensinava era a professora, o padre, os adultos. Se a gente aprende também com as criaturas especiais, então a gente aprende a vida toda.

"Ah, aprender é pra sempre, como a eternidade, não tem fim", e adormeci esticando este pensamento.

* * *

No dia seguinte, Anita veio ver a gatinha. Veio confirmar se realmente era cega.
— Dei a ela o nome de Luna porque veio pra nós na noite de lua cheia. Luna é uma criatura especial, tia.
— O quê?!
— Foi minha mãe que disse: "As pessoas e animais que nascem imperfeitas são especiais; elas vêm ao mundo para ensinar". Por isso Luna é especial.
— Sua mãe... Só ela! — E ficou abanando a cabeça. — Mas gostei do nome Luna. Agora tem duas crianças pra cuidar: Luna e Chiara. Ahaaa...! Chiara Luna — e cantarolando, com seu enorme sorriso branco, repetia: — Luna Chiara, Chiara Luna — cantava dançando.

Quando sentamos para ler o livro, meu pensamento crescia naquela ideia: aprender é eterno, e não se aprende só nos livros.
— Você não quer que eu leia, Bia. Você está distraída.

(Paraíso XII, 19-21)

– Estou pensando, tia... Dante pergunta e Beatriz ensina Dante. Ele aprendeu fazendo perguntas sobre o inferno, o purgatório e o céu. Aprender é infinito como o mundo, é pra sempre...
– Não. O mundo é finito.
– Mas é pra sempre, ele não morre.
– Por enquanto... Mas quer ver as figuras?
– Se o nonno tem outros livros, um dia a gente pode ler coisas diferentes.
– É, mas ele não gosta que a gente mexa nos livros dele – e, encantada com a gravura, titia chamou minha atenção.
– Como deve ser lindo o céu!
– Mas a mãe disse que a gente só vê o céu quando a gente morre.
– Mas se pode imaginar... Como fez Dante.
– É... Imaginar... Imaginar o céu com quem a gente ama, escondidos no grande e luminoso coração de Deus.

22. O fascínio das palavras

A SURPRESA DAS IMAGENS EM PRETO E BRANCO, umas assustadoras, outras cheias de encanto, ia cedendo lugar à vida com Luna e Chiara. E, à medida que eu evoluía na alfabetização, empolgava-me a descoberta do sentido das palavras. Nos livros saíam de suas casinhas como personagens. Chegavam de roupa nova, exuberantes, e com tanta grandeza, que, por vezes, eu fechava os olhos para que elas me surpreendessem, devagar, majestosamente, como uma fada com sua varinha de condão.

Imaginava o mundo fantástico, cheio de segredos, que, aos poucos, iria conhecer através das misteriosas páginas. Observava o corpo do livro como um figurinista observa suas modelos. A cintura, o laço, o movimento, o brilho. Gostava do contato com o papel do livro, que reconhecia ser liso ou poroso ao deslizar o dedo. Em meu imaginário, as palavras transformavam-se em marionetes falantes, com quem eu brincava fabricando sonhos e fantasias. Elas, oferecendo-se, e eu sedenta por apanhá-las. E, em minha cabeça, rondava a pergunta: como será que se inventam as palavras?

O nonno, que veio da Itália, fala *bambina*, e a professora diz "menina". O nonno é italiano, a professora brasileira. Então, as palavras têm pátria! *Bambina* é italiana e "menina", brasileira.

Foi por aqueles dias, quando eu me esforçava por entender a nacionalidade das palavras, que um incidente marcou minha infância. Estava sentada no pátio da escola, desordenada ainda em minha aprendizagem. Contava, para uma colega nova na vila, sobre minha gatinha Luna – Lua em português –, e que o pão de nosso lanche se chamava *pane* na língua dos nonnos. A assistente que rondava por perto engoliu, pelo ouvido, a palavra de quatro letras.

Ao regressar do recreio, a professora me chamou. Colocou-me na frente, numa mesinha ao seu lado. Apontou para uma folha com muitas linhas e decretou:

– Você vai preencher tudo isso aqui com a palavra "pão".

Ai, ai... de repente, minhas amigas, as palavras, sulcaram um buraco tão profundo quanto inesperado. As paredes da sala se aproximaram, estreitando, apertando, esmagando, e eu, pequena, tão pequena, sumia como uma formiga sob a sola de um sapato. Um castigo? Não! Eu amava demais o mundo das palavras, não podiam ser elas a me causar aquela dor.

Os olhos pequenos de tanto chorar, a cabeça doendo, sentimentos grandes a explodir pelos poros. Nada do que estava acontecendo cabia em minha compreensão. Por quê? O nonno fala italiano e todos o tratam com respeito! Como pode a palavra mudar o destino em tão pouco tempo?

Era a dor do aprendizado alargando os limites, reorganizando a bagagem. E o entender, ainda tão pequeno em mim, resistia teimosamente às dores do aprender. Na imaginação, tudo magia; por dentro, aquele sofrimento.

* * *

– Não quero comer, estou sem fome – o soluço sufocava as palavras. Sentia-me órfã num mundo recém-descoberto. Um mundo tão promissor e já dolorido. Mas, como se soubesse de mim mais do que eu, mamãe estava lá para me ajudar:

– O que foi? Fez algo errado, alguém te machucou? – mamãe abaixou-se à minha altura. O silêncio costurava a dor das duas, quando a professora bateu à porta.

Mamãe, surpreendida com a visita de dona Julieta, percebeu que a conversa era séria.

– Desculpe, mas não podia fazer diferente. Chegou uma lei federal proibindo expressamente de se falar italiano na escola.

Explicou que havia um movimento de nacionalização nos estados do Sul. O Governo tornava obrigatório o aprendizado do português e proibia o uso da fala no dialeto italiano. E não somente nas escolas. E disse também que havia uma grande repressão policial nas colônias contra o uso do dialeto. Pessoas eram presas e até espancadas pela polícia ao serem pegas falando italiano nas ruas. E completou consternada:

– As escolas estão expressamente proibidas de falar italiano ou alemão. Se pouparmos Bia, depois...

Naquele exato momento chegou meu pai. A conversa tomou vulto. Papai questionou o porquê do castigo e de onde vinha a lei que proibia o italiano. Só mamãe estava espantosamente calma. Uma paciência nova, nascida de um pensamento novo:

– A culpa é nossa. Falamos muito dialeto aqui em casa. Por isso que as crianças têm dificuldade nas aulas de português e na pronúncia com o "erre". Vamos ter mais cuidado.

Meus pais se aproximaram numa cumplicidade quase muda e, durante o almoço, a questão voltou à tona. Então papai baixou, de forma consciente e definitiva, uma espécie de decreto familiar:

– De hoje em diante, aqui em casa, não vamos mais falar em italiano com as crianças. Somente os nonnos, eu e a mãe. Entre vocês, apenas o português.

Nessa mesma tarde, o assunto entrou na roda do chimarrão. Os nonnos, os tios e vizinhos, acenderam um estopim político veemente sobre um movimento denominado "Socorro Europa Faminta". Seu objetivo declarado era o de angariar mantimentos, roupas e outros objetos úteis para as populações que sofriam os efeitos da guerra no Velho Continente. E discutiam sobre a campanha nacionalista que proibia o uso da língua estrangeira nas escolas.

O nonno parecia chateado. Comentava que na revista O Cruzeiro havia um texto de uma escritora chamada Rachel, Rachel de Queiroz. Esse nome ficou pendurado na minha memória de tal forma, que até hoje sinto o peso. Dizia o nonno que ela falava sobre os imigrantes do Sul, que, por terem olhos azuis, nem pareciam brasileiros. Que aquelas regiões não pareciam ser Brasil ou, se fossem, seriam um Brasil desvirtuado.

Incomodada com o que ouvia, deixei os adultos. Pensei: "Esse assunto vai continuar por muito tempo. Vou procurar tia Nita". Então, devagar, desapareci pelos fundos.

Apreensiva em organizar minhas sensações, olhava menos para o chão e mais para dentro, para o mundo das letras que me preenchia estranhamente. Ainda hoje me pergunto: como elas podem tempestuar tudo, as relações e as identidades e, ao mesmo tempo, estabelecer a ordem social e familiar? Construir uma ponte entre as gerações e as culturas, como também definir amigos e inimigos? Essas perguntas mal se esboçavam, nebulosas e intrigantes. Um embrião forçando os limites.

E, talvez por causa dessa gestão turbulenta que se aninhava em meu processo de conhecimento, naquele dia, nada comentei com minha tia. Perguntei logo sobre os livros que o nonno guardava no quarto e se podíamos ler *A Divina Comédia* lá. O acordo foi fácil. Ela pegou o livro na escrivaninha da sala e fomos para o quarto. Titia deu o volume de Dante para mim e abriu a parte baixa da cômoda, onde estavam os livros, todos enfileirados. Sentamos no chão entre a cômoda e a cama. Então, deixei que os livros levassem embora, com mansidão, a dor daquela manhã. Anita apanhou o livro mais alto de todos na prateleira. Era grande e majestoso. Na capa estava a figura de um imperador e, em letras garrafais, a palavra "Otávio". Em seguida, pegou um de capa escura, grossa, com a palavra "Bíblia". Quando titia estava para abrir a Bíblia, o estalar de passos no piso de madeira nos colocou em pânico. Num piscar de olhos, ela empurrou os livros na estante e nos enfiamos debaixo da cama com *A Divina Comédia*.

A cama dos nonnos era de ferro, alta, espaçosa, e sobre ela havia uma coberta com longas franjas de crochê. Sentíamo-nos quase seguras.

Os nonnos entraram no quarto espichando a conversa sobre a bendita lei que proibia falar italiano. Deitaram sobre a cama para o descanso da tarde. E nós duas lá embaixo, prendendo a respiração, encolhendo-nos toda vez que eles silenciavam. O simples balançar das franjas causava arrepio. Com cuidado espichei o olho para tia Nita, e ela apertou o indicador sobre os lábios, ordenando silêncio: "Psiu!". A cama de ferro, com estrado em grade sobre nossas cabeças, nos oprimia. Inertes, deitadas de bruço, como duas condenadas, aguardávamos o desfecho. O nonno fez um barulho limpando os pulmões e, lá em baixo da cama, a cumplicidade aglutinou nossos corpos, sem decidir quem falaria primeiro, caso fôssemos descobertas. Fugir? Impossível. Estávamos sequestradas pelo nosso segredo.

* * *

Passada mais de hora daquele aprisionamento, a nonna desceu da cama. Tentou enfiar o pé no chinelo de pano e ele lhe fugiu virando para baixo, pertinho de Anita. Pé aqui, pé lá, a nonna não o alcançava. Então, ela levantou a colcha e nos descobriu.

— Anita! O que está fazendo aqui?
Assustada, titia saiu vacilante pelo lado da nonna, e eu pelo outro, com *A Divina Comédia* grudada no peito. Encostei-me ao canto do guarda-roupa, acuada, um bichinho assustado, enquanto a nonna dava umas chineladas na tia.
— Escutar a conversa debaixo da cama? Sua desavergonhada! Isso é coisa que se faça?
O nonno desceu rápido pelo meu lado:
— O que é isso? Por que esse livro está em suas mãos?
— Porque eu quero aprender a ler, nonno – disse eu, tremendo o queixo e balbuciando as palavras.
Ele pegou meu braço, rodeou a cama comigo e me colocou ao lado da tia. Os nonnos à nossa frente, e nós prontas para a sentença. Houve um breve constrangimento. Depois o silêncio nos afivelou de mansinho.

* * *

Então, o nonno, inquiriu:
— Por que esse tempo todo debaixo da cama? – ralhou em tom disciplinar, dizendo que era muito feio fazer aquilo.
— Porque estávamos lendo o livro que o senhor proibiu – respondeu assustada tia Nita, para justificar a desobediência a uma de suas ordens sobre mexer nas coisas dele. E baixando a cabeça, quase em lágrimas: – Me desculpe, pai.
— Desculpar? Desculpar o quê? Era preciso esconder-se debaixo da cama? – o nonno franziu as sobrancelhas, deu um passo atrás e deixou novamente o silêncio encaixar as coisas.
A nonna respirou fundo, mas seus olhos estavam calmos.
— Nunca mais se atrevam a mexer nas coisas do nonno.
Ele, quase soletrando as palavras:

— *Va bene, va bene...* — disse, balançando a cabeça, enquanto a nonna observava a expressão de complacência desenhando-se no rosto dele.

— Escutem aqui, meninas, além do livro, guardem bem isso: não se fica escutando a conversa dos adultos, especialmente às escondidas, debaixo da cama. Ah! E agora agradeçam o nonno por lhes poupar umas chineladas.

— *Va bene*, eu só proibi o livro pelas gravuras do inferno que assustam as crianças — garantiu o nonno. Olhou para a nonna: — Se elas gostam de ler, *lascia andare, va...* É bom que tenham gosto pela leitura.

* * *

Tia Nita e eu voltamos à sala com *A Divina Comédia* lá, no mesmo lugar, onde algum tempo atrás eu apanhava do chão o livro que construiu esta história. Então, pela primeira vez, contemplamos pacificamente, sem segredos, o céu de Dante, a beleza de Beatriz, a grandeza do Altíssimo. Agora, mais alfabetizada, acompanhava absorta os últimos versos do poeta.

> A partir daquele instante, tudo quanto me foi dado ver resultou superior a qualquer possibilidade de ser descrito pela voz humana e de ser reavivado pela memória.
>
> Trago ainda no coração a doçura
> que nasce de um êxtase tamanho
> Ó Suprema Luz, que tanto sobrepujas o entendimento humano!
>
> Faze que eu possa legar uma centelha da tua glória
> às gerações futuras,
> pois ainda que um mínimo de lembrança me seja concedido,
> será suficiente para que os pósteros entendam melhor
> a tua vitória,
> em meus versos celebrada...

Estavam abertas as portas para o conhecimento. Calada, sem nenhuma pressa para outras perguntas, acompanhei a tia devolvendo o livro à estante. Doces memórias fluíam, brincavam, transbordavam e sorriam dentro de mim. À minha frente, o caminho livre e aberto para o infinito. Uma delícia sem preço. Para aquele momento, a vida se fizera plena.

Sobre o autor de *A Divina Comédia*

DANTE ALIGHIERI nasceu na cidade italiana de Florença, em maio de 1265, em uma ilustre família burguesa. Perdeu a mãe ainda muito criança e iniciou seus estudos em uma escola da cidade.

Demonstrando já uma grande inclinação para a literatura e para a filosofia, leu, em sua juventude, os grandes clássicos latinos, como Virgílio, Ovídio e Estácio. Ainda jovem, entrou no clube dos poetas do *dolce stil novo*, do qual recebeu uma sólida formação filosófica. A partir de então, Aristóteles e, depois, Virgílio foram seus grandes mestres.

O acontecimento que mais o marcou na vida foi seu amor por uma jovem chamada Beatriz Portinari. Embora seu sentimento nunca tenha sido correspondido, ela tornou-se a figura central de toda a obra do poeta. Filha de Folco Portinari, Beatriz morreu jovem, aos 24 anos, e está presente em suas obras: *Vida nova*, *Rimas*, *Convívio* e *A Divina Comédia*. Nesta última, Beatriz, mesmo mantendo as características humanas e poéticas, torna-se símbolo da teologia, da fé e da revelação.

Além de *A Divina Comédia*, Dante é autor de outras obras de grande qualidade estética, como *La vita nuova* (1283-1292), coletânea da juventude, na qual ele narra a história de seu amor por

Beatriz e lhe dedica 31 poemas líricos; *Il convivio* (1304-1307), *De vulgari eloquentia* (1305-1306), e a *Monarchia* (1306-1308). Nesta última, o poeta intervém em um dos temas mais controversos de sua época: a relação entre a autoridade secular (representada pelo imperador do sacro Império Romano-Germânico) e a autoridade religiosa (representada pelo Papa, na época, Bonifácio VIII).

Escritor, poeta e político, Dante é considerado o primeiro e maior poeta da língua italiana, definido como *il sommo poeta* ("o sumo poeta"), o que fez Vitor Hugo afirmar que o pensamento humano atinge em certos homens a sua completa intensidade, ao citar Dante como um dos que "marcam os cem graus de gênio". E tal é sua grandeza, que a literatura ocidental está impregnada de sua poderosa influência, sendo extraordinário o culto que lhe dedica a consciência literária e crítica a partir de suas obras.

Dante frequentou o meio literário de sua geração e, desde 1295, participou ativamente das lutas políticas de Florença. Essa atividade pública intensa obrigou-o ao exílio e trouxe-lhe uma imensa tristeza por não poder mais retornar à terra natal. Apesar disso, foi esse o período de sua mais significativa produção literária.

Viveu em Roma e em muitas outras cidades italianas, numa verdadeira peregrinação. Terminou seus dias em Ravena, vitimado pela malária, contraída nos pântanos de Veneza em 1321, aos 56 anos de idade.

A Divina Comédia

CERTO DE QUE JÁ VIVERA metade de sua vida aos 35 anos, Dante Alighieri dedicou-se a escrever *A Divina Comédia*, uma obra-prima da literatura universal e um marco dos mais elevados atingidos pelo espírito humano.

Essa obra fundamental da Idade Média é um longo poema simbólico dividido em três partes – "Inferno", "Purgatório" e "Paraíso" –, no qual o autor pretende fazer uma *síntese enciclopédica do conhecimento científico e filosófico da época*. Cada parte é composta de trinta e três cantos, divididos em estrofes de três versos. Originalmente o poema foi escrito em italiano, no dialeto florentino, com o simples título de *Comédia*, e publicado em 1321, data que coincide com a morte do autor. Mais tarde o escritor Giovanni Boccaccio (1375) incluiu o termo *"divina"* no título. O longo poema chama-se "comédia" não por ser cômico, mas porque termina bem, com a chegada ao paraíso; ao contrário da tragédia, gênero literário que sinaliza um final infeliz, trágico.

Dentro desse mesmo espírito histórico-cultural, Dante descreve o mundo de acordo com o modelo geocêntrico do universo herdado por Aristóteles e Ptolomeu: o planeta Terra imóvel e, em seu entorno, os demais planetas se movimentando. Um sistema favorável à teologia da Igreja Católica, em consonância com o pensamento de Tomás de Aquino.

Com grande maestria, o autor de *A Divina Comédia* relata sua própria viagem imaginária pelos reinos do além, desde o momento em que se perde em uma selva. Salvo por Virgílio – poeta latino, autor do poema *Eneida* (70 a.c.) –, Dante é levado ao inferno e ao purgatório, onde reconhece e identifica várias pessoas de seu tempo: personalidades que atuavam num ambiente de desavenças, corrupção e violência em quase todas as regiões da Itália. Aos olhos do autor, descortina-se um espetáculo de erros e fracassos que devasta antigos valores: o imperador negligencia a função primordial de garantir ao povo a paz e a justiça, e a Igreja perde o sentido de sua própria missão, a caridade.

No momento culminante de sua maturidade humana e poética, a obra escrita aparece para Dante como a única possibilidade de afirmar que, mesmo diante da incessante desilusão, que parece inerente ao viver na terra, não se pode desmentir a existência de uma esplêndida ordem universal.

De fato, o ser humano é o sujeito de todo o poema dantesco. A figura poética de *A Divina Comédia*, que o protagonista encarna, é a do homem que se perde e se reencontra determinando suas buscas. Dante concebe o ser humano como dotado de possibilidades de conexão e dissociação, comunicativo, capaz de aperfeiçoar-se.

Nesse contexto, ele sente o chamado profético de indicar à humanidade um caminho de resgate da fé, da paz e da justiça. É nesse clima de profecia que nasce a *Comédia* que os pósteros chamarão de *Divina*.

O poema apresenta uma intensa simbologia e faz com que o leitor encontre na viagem de Dante semelhanças com a trajetória de todas as pessoas, em busca do bem, do amor, da felicidade e da perfeição divina.

Quase ao fim de sua viagem, Dante é conduzido ao paraíso e se despede de Virgílio, pois este, por ter sido pagão, não pode ter acesso ao Reino celeste. Lá reencontra Beatriz, sua amada quando estava na terra, e desfruta, por um breve espaço de tempo, da visão de Deus.

Nesse grande poema, o poeta usa uma linguagem imagética de uma riqueza estética e simbólica praticamente sem limites. O autor dá vida e fisionomia às imagens de forma tão intensa, que muitos artistas plásticos assumiram a tarefa de ilustrar seu poema, como o pintor italiano Sandro Botticelli (1490) e o escultor e pintor francês Gustave Doré (1883). Este último ilustrou com 136 gravuras *A Divina Comédia*, publicada em português por Edições Leia, em São Paulo, no ano de 1946. É nessa edição da obra que a menina Bia mergulha seu olhar e tenta desvendar os segredos do poeta na história narrada neste livro que você tem em mãos: *O divino livro proibido.*